라영환 공무원

한국사 시리즈

FINAL
작두
모의고사
for. 국가직 대비

라영환 저자

라스트신(작두특강)에서 찍은 주제로
문제까지 찍어주고! 다시 마무리하는 필수교재!

CONTENTS

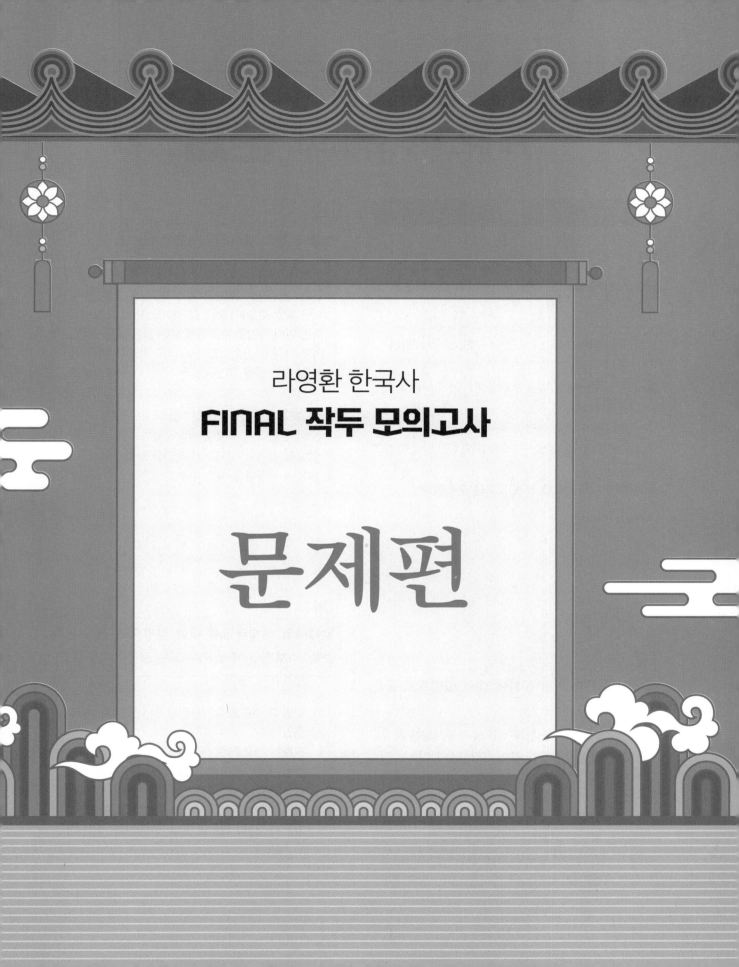

라영환 한국사

FINAL 작두 모의고사

문제편

FINAL 작두 모의고사 문제

1회

01

(가) 시기에 있었던 역사적 사실로 옳지 않은 것은?

> 고구려 태학 설립 - (가) - 신라 『국사』 편찬

① 고구려 영양왕이 말갈족을 동원하여 수나라를 선제공격하였다.
② 금관가야가 가야 연맹의 주도권을 상실하였다.
③ 신라에서 건원이라는 독자적인 연호를 사용하였다.
④ 백제가 마라난타를 통해 불교를 수용했다.

02

삼국의 고분과 미술 문화에 대한 설명으로 옳은 것은?

① 백제의 미륵사지 석탑과 신라의 분황사탑은 각각 목탑과 전탑의 모습을 많이 간직하고 있다.
② 백제의 벽돌무덤은 중국의 영향을 받았기 때문에 벽화를 그려 넣지 않았다.
③ 신라의 석탑은 다각다층탑이 많았고, 탑의 몸체를 받치는 받침이 보편화되었다.
④ 철기 제작기술이 발달된 가야에서는 철로 만든 불상이 유행하였다.

03

밑줄 친 왕의 행적으로 옳은 것은?

> 왕이 수도(금성)에 성곽을 쌓으려고 문의하니 그가 말하기를, "비록 초야에 살더라도 정도(正道)만 행하면 복업(福業)이 오래 갈 것이요, 만일 그렇지 못하면 여러 사람을 수고롭게 하여 성을 쌓을지라도 아무 이익이 없을 것입니다."라고 하였다. 왕은 이에 성 쌓는 일을 그만두었다.
> 　　　　　　　　　　　　　　　　－ 『삼국사기』 －

① 건원이라는 독자적인 연호를 사용하였다.
② 당과 연합하여 백제를 멸망시켰다.
③ 안승을 끌어들여 고구려 유민을 포섭하였다.
④ 12목에 지방관을 파견하였다.

04

발해사의 전개과정에 대한 설명으로 옳지 않은 것을 < 보기 > 에서 모두 고른 것은?

> <보기>
> ㄱ. 선왕 때 수도를 동경용원부에서 상경용천부로 옮겼다.
> ㄴ. 발해는 건국 직후 신라에 사신을 파견하였다.
> ㄷ. 상경성에서 출토된 온돌장치는 고구려를 계승한 국가임을 보여준다.
> ㄹ. 발해 경제는 목축과 수렵이 활발했고, 농업은 밭농사 중심이었지만 일부 지역에서는 벼농사도 지었다.

① ㄱ　　② ㄱ, ㄴ　　③ ㄷ, ㄹ　　④ ㄱ, ㄴ, ㄹ

05

고려시대 사람들의 생활 모습으로 옳지 않은 것은?

① 지방 향리의 자제가 과거에 응시하여 관료가 되었다.
② 마을 구성원의 장례를 향도가 주도하여 치렀다.
③ 여성은 재혼이 가능하였지만, 호주는 될 수 없었다.
④ 사위가 처가의 호적에 입적하는 경우도 자주 있었다.

06

다음 제시문과 관련된 인물에 대한 설명으로 옳은 것은?

> 지금의 불교계를 보면 아침, 저녁으로 행하는 일들이 비록 부처의 법에 의지하였다고 하나 자신을 내세우고 이익을 구하는 데 열중하며 세속의 일에 골몰한다. 도덕을 닦지 않고 옷과 밥만 허비하니 비록 출가하였다고 하나 무슨 덕이 있겠는가.

① 당시 백성들의 신앙적 욕구를 수용하여 자신의 행동을 진정으로 참회하는 법화사상에 중점을 두었다.
② 선과 교학은 근본이 둘이 아니라는 돈오점수를 사상적 바탕으로 철저한 수행을 강조하였다.
③ 이론의 연마와 실천을 함께 강조하는 교관겸수를 제창하였다.
④ 선종을 중심으로 교종을 포용하는 선교일치사상을 완성하였다.

07

밑줄 친 '왕'의 재위 기간에 있었던 일로 옳지 않은 것은?

> 왕 24년 봄에 전라도 지휘사 김경손이 초적 이연년을 쳐서 평정하였다. 이때 이연년 형제가 원율·담양 등 여러 고을의 무뢰배들을 불러 모아 해양(海陽) 등의 주현을 공격하여 함락시켰다.

① 망이·망소이, 만적 등이 봉기하였다.
② 백련결사가 조직되어 백련결사문이 발표되었다.
③ 각훈이 왕명에 따라 해동고승전을 편찬하였다.
④ 김윤후와 처인 부곡민들이 몽골 장수 살리타 군대를 물리쳤다.

08

고려 후기 권문세족에 대한 설명으로 옳지 않은 것은?

① 음서는 지위를 유지할 수 있는 중요한 제도적 장치였다.
② 부재지주로서 공음전과 사패전을 유력한 경제적 기반으로 삼았다.
③ 첨의부 등의 고위 관직을 독점하면서 도당의 구성원으로서 권력을 장악하였다.
④ 고려를 원의 행성으로 만들고자 하는 입성책동을 일으켰다.

09

농서와 그 특징에 관한 설명 중 옳지 않은 것은?

① 『농사직설』 - 우리 현실에 맞는 농법을 개량하고 보급할 목적으로 편찬하였다.

② 『금양잡록』 - 성종 때 강희맹이 금양에서 직접 경험한 농법을 기록하였다.

③ 『양화소록』 - 세조 때 강희안이 화초 재배법을 설명하였다.

④ 『농가집성』 - 박지원은 상업적 경영을 통해 농업 생산성을 높여야한다고 주장하였다.

10

조선 중기 성리학에 대한 설명으로 옳은 것을 < 보기 > 에서 모두 고른 것은?

<보기>

ㄱ. 조식은 학문의 실천성을 특히 강조하였다.

ㄴ. 16세기 중엽 이후 이황과 이이에 이르러 두 경향의 성학군주론이 일어났다.

ㄷ. 이황은 백운동 서원을 설립하였다.

ㄹ. 이이는 『동호문답』, 『격몽요결』 등을 집필하였다.

① ㄱ, ㄴ, ㄷ   ② ㄴ, ㄷ, ㄹ

③ ㄱ, ㄴ, ㄹ   ④ ㄱ, ㄴ, ㄷ, ㄹ

11

2차(갑인) 예송 시기의 내용으로 옳은 것은?

① 윤휴는 왕통을 이었으면 적장자로 보아야 하므로 3년복을 입어야 한다고 주장하였다.

② 송시열은 '체이부정(體而不正)'을 내세워 기년복을 입어야 한다고 주장하였다.

③ 인조의 계비인 자의대비 복상 문제가 쟁점이었다.

④ 김창집, 이이명 등 노론 4대신이 희생되었다.

12

조선후기의 경제 상황에 대한 설명으로 옳은 것은?

① 상평통보가 널리 유통되면서 환·어음 등의 신용화폐는 점차 소멸하였다.

② 지주에 대한 지대 납부 방식이 도조법에서 타조법으로 전환되었다.

③ 공장안(工匠案)에서 벗어난 납포장이 장인세를 납부하면서 상품생산을 확대하였다.

④ 청의 무리한 조공에 대한 피해를 줄이기 위해 금·은광 개발을 금지하였다.

13

(가) 시기에 해당되는 사실로 옳지 않은 것은?

> 동학교도가 궁궐 앞에서
> 교조 신원을 주장하는 집회를 열었다.
> ↓
> (가)
> ↓
> 논산에서 남. 북접의 동학군이 집결하였다.

① 전라도를 중심으로 집강소를 설치하였다.
② 종래의 6조를 8아문으로 개편하였다.
③ 경무청을 신설하여 경찰제도를 도입하였다.
④ 23부를 13도로 개편하였다.

14

다음의 근대변혁운동 과정에서 아관파천 이후 주장된 내용을 모두 고르면?

> ㄱ. 청국에 의존하는 생각을 끊고 자주독립의 기초를 세울 것
> ㄴ. 규장각 및 혜상공국을 폐지할 것
> ㄷ. 국가재정은 탁지부에서 전관하고 예·결산을 국민에게 공표할 것
> ㄹ. 시장에 외국 상인의 출입을 엄금하고, 다른 나라에 철도 부설권을 허용하지 말 것

① ㄱ, ㄴ ② ㄱ, ㄷ ③ ㄴ, ㄹ ④ ㄷ, ㄹ

15

㉠, ㉡에 관한 설명으로 옳은 것은?

> 판사 : (㉠)은/는 힘이 없는 조선이 망하지 않도록 일본이 보호하자는 조약이지 않은가?
> 안중근 : (㉠)은/는 우리 황제를 협박해 강제로 체결된 것이며, 그 약으로 (㉡) 이/가 설치된 이후 우리 백성들이 더 많이 학살되고 있다.

① ㉠에 반발하여 시위대장 박승환이 자결하였다.
② ㉠에 거부하여 고종은 헤이그에 특사를 파견하였다.
③ ㉡의 설치는 보안회가 결성되는 계기가 되었다.
④ ㉡을 통하여 대한제국의 주권을 강탈하였다.

16

다음 (가) 기구에 대한 설명으로 옳지 않은 것을 < 보기 > 에서 모두 고른 것은?

> 지주는 조선 총독이 정하는 기간 내에 (가) 혹은 그것의 출장소 직원에게 신고해야 한다. 만약 제출을 태만히 거나 신고서를 제출하지 않을 시에는 당국에서 해당 토지에 대해 소유권의 유무 등을 조사하다가 소유자를 알지 못하는 경우에 지주가 없는 것으로 간주하여 국유지로 편입할 수 있다.

> <보기>
> ㄱ. 역둔토, 궁장토를 총독부 소유로 만들었다.
> ㄴ. 토지 약탈을 위해 동양척식주식회사가 설립되었다.
> ㄷ. 조사한 토지의 지적도와 토지대장을 작성하였다.
> ㄹ. 토지의 소유권을 법적으로 증명하는 지계를 발급하였다.

① ㄱ, ㄴ ② ㄱ, ㄷ ③ ㄴ, ㄷ ④ ㄴ, ㄹ

17

다음의 내용을 주장한 단체의 설명으로 옳은 것은?

> 우리가 우리의 손에 산업의 권리 생활의 제일 조건을 장악하지 아니하면 우리는 도저히 우리의 생명·인격·사회의 발전을 기대하지 못할지니 … (중략) … 우리 조선 사람의 물산을 장려하기 위하여 조선 사람은 조선 사람이 지은 것을 사서 쓰자.

① 조선과 일본 간의 관세철폐 정책에 대항하였다.
② 사회주의 성향의 운동 세력이 주도하였다.
③ 신사 참배 거부 운동을 전개하였다.
④ '한민족 1천만이 한 사람이 1원씩'이라는 구호를 외쳤다.

18

근대 교육과 국어 연구에 관련된 설명 중 옳지 않은 것을 < 보기 > 에서 모두 고르면?

> <보기>
> ㄱ. 주시경은 '국문동식회(國文同式會)'를 조직하였다.
> ㄴ. 이윤재, 최현배가 조선어연구회를 창립하였다.
> ㄷ. 조선어학회가 우리말큰사전의 편찬을 주도하였다.
> ㄹ. 베델은 세계 각국의 산천·풍토 등을 한글로 소개한 「사민필지」를 저술하였다.

① ㄱ, ㄴ   ② ㄱ, ㄹ   ③ ㄴ, ㄷ   ④ ㄴ, ㄹ

19

㉠에 대한 설명으로 옳은 것은?

> 민국 23년에 채택한 (㉠)에는 언론과 종교의 자유를 보장하며, 보통선거를 시행하겠다는 내용이 담겨 있다. … (중략) … 현재 우리의 급무는 연합군과 같이 일본을 패배시키고 다른 추축국을 물리치는 데에 있다. 우리는 독립과 우리가 원하는 정부, 국가를 원한다. 이를 위해 (㉠)의 정신을 바탕으로 독립된 나라를 건설해 나가야 한다.
> - 『신한민보』 -

① 무상교육 실시를 주장하였다.
② 조선 건국 동맹에서 발표하였다.
③ 파괴와 폭동 등에 의한 민중의 직접 혁명을 강조하였다.
④ 미군과 연계하여 국내 진공 작전을 추진하였다.

20

밑줄 친 '개혁'에 대한 설명으로 옳지 않은 것은?

> 정부는 제헌 헌법에 의거하여 1949년 6월 21일 법률 제31호로 농지를 농민에게 적절히 분배하는 개혁을 추진하였다. 그것을 통하여 농가경제 자립과 농업생산력 증진으로 인한 농민 생활의 향상 및 국민경제의 균형과 발전을 도모하였다.

① 귀속농지의 관리 기구인 신한공사를 해체하였다.
② 박지원의 한전론에서 영향을 받아 경자유전의 원칙으로 실시되었다.
③ 지주 중심의 토지 소유 구조가 자영농 중심으로 변화되었다.
④ 매수된 농지의 지주에게는 연평균 수확량의 150%를 5년간 나누어 보상하도록 하였다.

2회

01

밑줄 친 '왕' 대에 있었던 역사적 사실로 옳지 않은 것은?

> 왕이 죽기 전에 여러 신하들이 왕에게 아뢰었다. "어떻게 해서 모란꽃에 향기가 없고, 개구리 우는 것으로 변이 있다는 것을 아셨습니까." 왕이 대답했다. "꽃을 그렸는데 나비가 없으므로 그 향기가 없는 것을 알 수가 있었다. 이것은 당나라 임금이 나에게 짝이 없는 것을 희롱한 것이다."
>
> — 삼국유사 —

① 김춘추가 연개소문에게 원병을 요청하였다.
② 백제 의자왕의 공격으로 대야성을 비롯한 40여 성을 빼앗겨 국가적 위기를 맞이하였다.
③ 승려 자장의 건의에 따라 황룡사 9층 목탑을 건립하였다.
④ 오언태평송(五言太平頌)을 지어 당에 보냈다.

02

(가) ~ (라)의 시기에 재위하였던 왕에 대한 설명으로 옳지 않은 것은?

> (가) 고구려가 백제 한성을 함락하였다.
> (나) 신라에서 건원이라는 독자적인 연호를 사용하였다.
> (다) 을지문덕은 당 태종의 2차 침입을 살수에서 막아냈다.
> (라) 백제가 『서기』를 편찬하였다.

① (가) - 중국의 남·북조와 동시에 교류하였다.
② (나) - 율령을 반포하고 대가야를 병합하였다.
③ (다) - 『신집』을 편찬하였다.
④ (라) - 남으로 마한을 통합하고, 북으로 고구려 평양성을 공격하였다.

03

다음은 발해와 관련된 역사적 사실이다 (가), (나) 사건 사이에 있었던 사실로 적절하지 않은 것은?

> (가) 당과 신라를 견제하기 위해 일본에 사신을 파견하여 처음 통교하였다.
> (나) 야율아보기에 의해 홀한성이 포위되었다.

① (가) - 당으로부터 해동성국이라고 불리었다.
② (가) - 중경현덕부에서 상경용천부로 도읍을 옮겨 발전의 기틀을 마련하였다.
③ (나) - 왕건이 국호를 고려라 정하고 송악으로 천도하였다.
④ (나) - 발해국 세자 대광현과 수만 명이 고려에 귀화하였다.

04

고려 중기의 국내외 상황에 대한 설명으로 옳은 것은?

① 고려가 요에 적대적인 태도를 취하여 그들의 침략을 불러왔다.
② 송나라 사신 서긍은 고려도경에서 고려청자의 우수함을 서술하였다.
③ 공주 명학소에서 신분 차별에 반발하여 봉기하였다.
④ 국자감을 성균관으로 개칭하여 유학교육을 강화하였다.

05

(가), (나) 사건 사이에 있었던 역사적 사실로 옳은 것은?

> (가) 국가가 소금을 전매하는 각염법을 시행하였다.
> (나) 신돈은 전민변정도감을 통해 개혁을 시도하였다.

① 정동행성을 설치하였다.
② 정치도감을 설치하였다.
③ 이성계로 하여금 요동을 공략하였다.
④ 국자감을 국학으로 개칭하였다.

06

㉠에 들어갈 인물에 대한 설명으로 옳은 것은?

> (㉠)을 배향하기 위해 설립된 서원은 뒤에 조선 최초의 사액서원이 되었다.

① 훗날 '동방 이학(理學)의 조(祖)'라 불리었다.
② 충선왕이 세운 만권당에서 원의 학자들과 교류하였다.
③ 역사서 『사략』을 저술하였다.
④ 원에서 크게 성행하고 있었던 성리학을 국내에 소개하였다.

07

조선 초기 국왕의 업적에 대한 설명으로 옳은 것은?

① 문종은 『동국병감』을 편찬하였다.
② 성종은 창덕궁과 창경궁을 새로 건설하였다.
③ 세조는 사가독서제를 실시하여 학문 활동을 장려하였다.
④ 태조는 불교의 진흥을 위해 간경도감을 설치하고 불경을 간행하였다.

08

다음 자료와 관련한 제도에 대한 바른 설명을 < 보기 > 에서 모두 고른 것은?

> 해주의 공물법을 보면, 토지 1결마다 쌀 한 말을 징수하고 관청은 스스로 물품을 마련하여 서울에 바치기 때문에 백성들은 쌀을 낼 줄만 알지 다른 폐단은 거의 듣지 못하게 되었다. 이것은 오늘날 백성을 구하는 참으로 좋은 법이 될 수 있다. 만약 이 법을 사방으로 넓혀 행한다면 방납의 폐단은 머지않아 저절로 개혁될 것이다.
> - 율곡전서 -

<보기>
ㄱ. 지방의 촌민에 이르기까지 18만여 명의 찬반을 물어 만들어졌다.
ㄴ. 토지 결수에 따라 부과하던 것을 인정과 호를 기준으로 하게 되었다.
ㄷ. 대다수 농민의 부담은 경감되었다.
ㄹ. 공인이 등장하였고, 별공과 진상은 그대로 남아 있었다.

① ㄱ, ㄷ   ② ㄱ, ㄹ   ③ ㄴ, ㄹ   ④ ㄷ, ㄹ

09

우리나라 문화재에 대한 설명으로 옳지 않은 것은?

① 만동묘 - 숙종 때 명나라 신종을 제사하려고 지은 사당이었다.
② 경복궁 - 향원정에 우리나라 최초의 전등이 설치되었다.
③ 경운궁 - 고종이 환궁한 뒤 황제즉위식을 거행하였다.
④ 경희궁 - 광해군 때 이궁(離宮)으로 건립되었다.

10

괄호 안에 들어갈 역사책이 편찬된 왕대에 있었던 역사적 사실이 아닌 것은?

동양에서는 역사학이 정책을 입안하는 데 이론적 근거와 참고 자료를 마련하기 위하여 연구되었다. 동양에서는 역사학의 제1차적인 목적을 귀감에서 찾는다. 그러기에 대부분의 역사책은 '거울 감(鑑)' 자를 쓴다. 우리나라에서는 서거정이 편찬한 (   ), 중국에서는 사마광의 자치통감, 주희의 통감강목, 원추의 통감기사본말 등이 그 대표적인 예이다.

① 신숙주는 일본 사행 경험을 바탕으로 일본국과 유구국에 대한 정보를 기술한 『해동제국기』를 간행하였다.
② 국가의 여러 행사에 필요한 예법과 절차를 기록한 『국조오례의』가 편찬되었다.
③ 강희맹은 금양에서 직접 농사를 지은 경험을 토대로 『금양잡록』을 저술하였다.
④ 왕명으로 『고려사』의 내용을 편년체로 정리한 『고려사절요』가 편찬되었다.

11

다음 (가), (나) 사이에 있었던 사실로 적절하지 않은 것은?

(가) 현직 관료에게만 과전을 지급하는 직전제를 도입하였다.
(나) 기축옥사(己丑獄死)를 계기로 동인이 남인과 북인으로 갈리었다.

① 불교의 선교 양종을 부활하고 선과를 다시 설치하였다.
② 여민락 등을 짓고 정간보를 창간하였다.
③ 현량과 시행을 통해서 유교의 이상 정치를 실현하려고 하였다.
④ 척신과 권신들은 많은 노동력을 투입하여 해택지(海澤地)를 개간하였다.

12

다음 (가)와 (나)를 주장한 인물의 활동으로 옳은 것은?

(가) 간략한 해석을 곁들인 10개의 도형으로 성리학의 핵심 내용을 집성하여 왕에게 바쳤다.
(나) 형이하의 현실세계를 기의 능동성으로 파악하여 경세적으로는 경장(更張)을 강조하였다.

① (가) - 아홉 차례의 과거 시험에 모두 장원하여 '구도장원공'이라는 별칭을 얻었다.
② (가) - 양명학을 사문난적으로 비판하며 이단으로 간주하였다.
③ (나) - 서리망국론을 부르짖으며 당시 서리의 폐단을 강력하게 비판하였다.
④ (나) - 이보다는 기를 중심으로 세계를 이해하고 노장 사상에 개방적이었다.

13

다음 해외 견문 기록에 관한 설명으로 옳지 않은 것은?

① 『표해록』 - 문신 최부가 중국에 표류됐을 때의 체험을 서술했다.
② 『열하일기』 - 박지원이 청나라에 다녀와 청 문물을 소개하였다.
③ 『서유견문』 - 유길준이 미국 유학 때 유럽 여러 나라를 둘러보며 기록한 기행기이다.
④ 『해동제국기』 - 어윤중이 일본에 조사시찰단으로 파견되어 작성한 보고서이다.

14

다음 (가), (나) 사건 사이에 있었던 일로 옳은 것은?

> (가) 개항장에서 일본 화폐의 유통을 허락한다.
> (나) 양화진에서 청국 상인의 통상을 인정한다.

① 일본 공사관에서 경비병의 주둔을 허락한다.
② 일본인 거주 지역 내에서의 치외법권을 인정한다.
③ 조선이 일시적으로 쌀 수출을 금지하려고 할 때는 1개월 전에 지방관이 일본 영사관에 통지한다.
④ 일본은 군사 전략상 필요한 지점을 이용할 수 있다.

15

밑줄 친 사건 이전에 있었던 역사적 사실을 보기에서 모두 고르면?

> <u>오호라. 작년 10월에 저들이 한 행위</u>는 만고에 일찍이 없던 일로서, 한 조각의 종이에 강제로 조인하게 하여 5백 년 전해오던 종묘사직이 마침내 하룻밤 사이에 망했으니 … (중략)… 우리 의병군사의 올바름을 믿고, 적의 강대함을 두려워하지 말자. 이에 격문을 돌리니 다 함께 일어나라.

> <보기>
> ㄱ. 미국은 한국에서 일본의 보호권 확립을, 일본은 미국의 필리핀 지배를 인정하였다.
> ㄴ. 13도 창의군을 이끌고 서울진공작전을 지휘하였다.
> ㄷ. 장지연이 『황성신문』에「시일야방성대곡」을 게재하였다.
> ㄹ. 메가타가 대한 제국의 재정고문으로 부임하였다.

① ㄱ, ㄴ   ② ㄱ, ㄹ   ③ ㄴ, ㄷ   ④ ㄷ, ㄹ

16

다음 법령이 시행되기 전에 있었던 사실은?

> 제1조 회사의 설립은 조선 총독의 허가를 받아야 한다.
> … (중략) …
> 제5조 회사가 본령이나 본령에 의거하여 발하는 명령과 허가 조건에 위반하거나 또는 공공 질서와 선량한 풍속에 반하는 행위를 할 때, 조선 총독은 사업의 정지, 지점의 폐쇄 또는 회사의 해산을 명할 수 있다.

① 경성 제국 대학이 설립되었다.
② 경찰범 처벌 규칙이 제정되었다.
③ 농공은행을 조선식산은행으로 개편하였다.
④ 동양척식주식회사가 설립되었다.

17

다음 < 보기 > 의 내용을 발생한 순서대로 옳게 나열한 것은?

<보기>
ㄱ. 최현배·이윤재가 투옥되었고, 조선어학회가 강제 해산되었다.
ㄴ. 삼균주의를 바탕으로 한 대한민국 건국강령을 발표하였다.
ㄷ. 의열 활동을 위해 한인 애국단을 결성하였다.
ㄹ. 김원봉의 주도로 중국 관내에서 조선 의용대가 창설되었다.

① ㄱ - ㄷ - ㄹ - ㄴ
② ㄷ - ㄹ - ㄱ - ㄴ
③ ㄱ - ㄴ - ㄹ - ㄷ
④ ㄷ - ㄹ - ㄴ - ㄱ

18

(가) ~ (라) 인물에 대한 설명으로 옳지 않은 것은?

(가) 이순신, 을지문덕 등 위인의 전기를 써 민족의식을 고취하였다.
(나) 한국의 독립운동 과정을 서술한 한국독립운동지혈사를 저술하였다.
(다) '5천년간 조선의 얼'이라는 글을 신문에 연재하여 민족정신을 고취하였다.
(라) '조선심'을 강조하며 정약용 연구를 중심으로 한 조선학 운동을 전개하였다.

① (가) - 『조선상고사』, 『조선사연구초』를 저술하였다.
② (나) - 대동사상을 수용한 유교 구신론을 주장하였다.
③ (다) - 역사를 '아(我)'와 '비아(非我)'의 투쟁의 기록이라고 하였다.
④ (라) - 조선학 운동을 전개하면서 세종과 실학자들의 업적을 높이 평가하였다.

19

1940년대 전개된 항일 독립운동에 해당되는 것은?

① 동북항일연군이 보천보 전투를 전개하였다.
② 조선 의용대 화북 지대가 조선 의용군으로 재편되었다.
③ 의열단, 조선 혁명당 등이 결집하여 민족 혁명당을 창당하였다.
④ 군사양성기관인 대조선 국민군단이 창설되었다.

20

다음 회담이 진행되는 시기에 볼 수 있는 모습으로 옳은 것은?

제2 의제 : 전투 행위를 정지한다는 전제 아래 양측 군대 사이에 비무장 지대를 설치하고자 군사분계선을 정하는 일
… (중략) …
제5 의제 : 외국 군대의 철수와 한반도 문제의 평화적 해결에 관해서 쌍방 관련 국가의 정부에 권고하는 일

① 이승만 정부는 거제도에 수용되어 있던 반공포로를 석방하였다.
② 정부는 미국과 한·미 상호 방위 조약을 체결하였다.
③ 북한을 침략자로 규정하고 유엔군 파병을 결정하였다.
④ 대규모 해상 작전인 흥남 철수가 이루어졌다.

3회

01

⊙ 나라에 대한 설명으로 옳은 것은?

> (⊙)에는 대군장이 없고, 후(侯)·읍군·삼로 등이 있어서 하호를 통치하였다. (⊙)의 풍습은 사람이 병들어 죽으면 옛집을 버리고 새집으로 이사하였다.

① 영고라는 제천 행사가 있었다.
② 민며느리제라는 혼인 풍속이 있었다.
③ 산과 하천마다 구분이 있어 함부로 들어가지 못하였다
④ 아이가 출생하면 돌로 머리를 눌러 납작하게 하는 편두 풍습이 있었다.

02

다음 유네스코 세계유산으로 지정된 백제역사유적지구 문화유산 중 공주시에 속한 것만을 모두 고르면?

> ㄱ. 정림사지   ㄴ. 공산성
> ㄷ. 금동대향로   ㄹ. 송산리 고분군

① ㄷ, ㄹ   ② ㄱ, ㄷ   ③ ㄴ, ㄷ   ④ ㄴ, ㄹ

03

다음 비석이 세워지기 이전 정치상황에 대한 설명으로 옳은 것은?

> 5월에 대왕이 상왕공(相王公)과 함께 동쪽 오랑캐 신라 매금(寐錦)을 만나 영원토록 우호를 맺기 위해 이곳에 왔으나, 신라 매금이 오지 않아 실행하지 못하였다.
> 이에 대왕은 태자 공과 전부 대사자 다우환노에게 명하여 이곳에 머물러 신라 매금을 만나게 하였다. …

① 영락이라는 독자적인 연호를 사용하였다.
② 부여를 복속하여 고구려 최대 영토를 확보하였다.
③ 국력이 강대해져 해동성국으로 불리었다.
④ 요서지역에 대해 선제공격을 감행하였다.

04

다음 밑줄 친 ⊙과 빈 칸 ⓛ에 대한 설명으로 옳은 것은?

> ⊙왕의 국서에 이르기를, "열국(列國)을 거느리고 여러 번(藩)을 총괄하면서, 고려의 옛 땅을 회복하고 (ⓛ)의 유풍을 지니고 있습니다. 너무 멀어 길이 막히고 바다 역시 아득하여 소식이 통하지 않고 길흉을 물음이 끊어졌는데, 우호를 맺고 옛날의 예에 맞추어 사신을 보내어 이웃을 찾는 것이 오늘에야 비롯하게 되었습니다."라고 하였다.

① ⊙ - 당과 신라를 견제하기 위해 돌궐과 손을 잡았다.
② ⓛ - 대가들이 각기 사자·조의·선인을 거느렸다.
③ ⊙ - 신라는 일길찬 백어를 발해에 사신으로 보내었다.
④ ⓛ - 전쟁 시에는 12월에 지내는 '제천행사 '영고'를 지내지 않았다.

05

고려에서 조선시대까지의 과학기술에 대한 설명으로 옳은 것을 < 보기 > 에서 모두 고른 것은?

<보기>
ㄱ. 13세기 금속활자로 상정고금예문을 인쇄하였다.
ㄴ. 대장도감에서 편찬된 『향약구급방』은 현존하는 우리나라 최고의 의학 서적이다.
ㄷ. 조선 태조 때에는 지전설을 바탕으로 <천상열차분야지도>를 돌에 새겼다.
ㄹ. 조선 세종 때에는 밀랍 활자고정법을 개발하여 종전보다 2배의 인쇄 능률을 높였다.

① ㄱ, ㄴ   ② ㄱ, ㄷ   ③ ㄴ, ㄷ   ④ ㄷ, ㄹ

06

밑줄 친 왕에 대한 설명으로 옳은 것은?

5월 을사에 왕이 예산진에 행차하여 이르기를, "너희 공경장상은 국록을 먹는 사람들이므로 내가 백성을 자식처럼 사랑하는 마음을 헤아려서, 너희들 녹읍의 백성들을 불쌍히 여겨야 할 것이다. 만약 무지한 가신들을 녹읍에 보낸다면, 오직 거두어들이는 데만 힘써 마음대로 약탈할 것이니 너희 또한 어찌 알 수 있겠는가?" 라고 하였다.
　　　　　　　　　　　　　　　　　　　 - 『고려사』

① 귀순한 호족에게 성(姓)을 내려주어 포섭하였다.
② 중국에서 귀화한 쌍기의 건의에 따라 과거(科擧)제도를 시행하였다.
③ 위홍 등이 향가를 모아 『삼대목』을 편찬하였다.
④ 관료에게 지급하는 녹읍을 부활시켰다.

07

고려 후기의 역사의식에 대한 설명으로 옳지 않은 것은?

① 불교사를 중심으로 새로운 고대사 체계를 세웠다.
② 유교적 합리주의 사관에 입각하여 기전체 사서를 편찬하였다.
③ 전통 의식과 대의명분을 중시하는 성리학적 사관에 입각한 역사서가 집필되었다.
④ 우리 역사를 중국과 대등하게 파악하며 단군을 민족 시조로 인식하였다.

08

다음 < 보기 > 의 서적이 발간된 순서로 옳은 것은?

<보기>
ㄱ. 어우야담　　　　　　　　ㄴ. 연조귀감
ㄷ. 규사　　　　　　　　　　ㄹ. 필원잡기

① ㄱ-ㄹ-ㄷ-ㄴ   ② ㄴ-ㄷ-ㄱ-ㄹ
③ ㄷ-ㄴ-ㄹ-ㄱ   ④ ㄹ-ㄱ-ㄴ-ㄷ

09

< 보기 >의 (가) 인물에 대한 사실로 옳은 것은?

<보기>
임진왜란 이후 일본은 조선에서 성리학자와 도자기 기술자 등을 포로로 잡아갔고, 이는 일본의 성리학과 도자기 문화가 발달할 수 있는 토대를 마련하였다. 특히 (　가　)의 사상이 일본에 전파되면서 일본에서는 그를 '동방의 주자'라고 부르기도 하였다.

① 경과 의를 근본으로 하는 실천적 성리학풍을 창도하였다.
② 왕이 지켜야 할 왕도정치 규범을 체계화한 성학십도를 지었다.
③ 현실세계를 구성하는 기를 중시하여 경장(更張)을 주장하였다.
④ 내수사 장리의 폐지, 소격서 폐지 등을 주장하였다.

10

밑줄 친 '이 제도'에 해당하는 것은?

이 제도는 신진 인물이나 중·하급 관리 중에서 유능한 인사를 재교육하는 제도였다. 37세 이하의 당하관 중에서 유능한 자를 선발하여 본래의 직무를 면제하고 연구에 전념하게 하여 그 성과를 평가하였다. 졸업하면 익힌 바를 국정에 적용하게 하였다. 이 제도는 붕당의 비대화를 막고 왕의 권력과 정책을 뒷받침하기 위한 것이었다.

① 상피제　　　　② 경연제
③ 초계문신제　　④ 의정부서사제

11

다음 (가)의 인물에 대한 설명으로 옳은 것은?

조선학운동은 1934년 정인보, 안재홍, 문일평 등이 (　가　) 서거 99주기를 기념하며 그의 저서를 모은『여유당전서』를 발간한 것이 계기가 되어 일어난 민족문화운동이다. 조선 후기의 개혁사상인 실학을 민족의 독자성과 주체성을 회복하는 학문이자, 민족에 실익을 주는 학문으로 규정하는 등 실학을 재평가하였다.

① 신유사옥 때 전남 강진으로 유배되었다.
② 이익의 역사의식을 계승하여 동사강목을 저술하였다.
③ 지구가 우주의 중심이 아니라는 무한우주론을 내놓았다.
④ 북학의를 저술하여 청의 문물을 적극 수용하자고 하였다.

12

조선후기 삼정의 문란은 제도상 결함이 많은 제도였다. 삼정에 해당되지 않는 것은?

① 전정　　　　　② 공납
③ 군역　　　　　④ 환곡

13

(가)와 (나) 사이에 있었던 사실로 옳은 것은?

> (가) 청에 파견된 영선사 김윤식 일행은 무기제조 법을 배웠다.
> (나) 미국에 파견된 보빙사는 근대 시설을 사찰하 고 대통령을 접견하였다.

① 개화 정책을 총괄하는 교정청이 만들어졌다.
② 김홍집은 일본을 방문하여 『조선책략』을 가지고 돌아왔다.
③ 조청상민수륙무역장정이 체결되고 청나라 상인들 의 내륙시장 진출이 가능해졌다.
④ 함경도 방곡령 사건으로 일본과 외교적 마찰이 일 어났다.

14

다음 내용이 반포된 시기를 연표에서 바르게 고 른 것은?

> 세계의 형세를 두루 살펴보건대 부강하고 독립하 며 웅시(雄視)하는 모든 나라는 모두 다 그 인민의 지식이 개명하였도다. 이 지식의 개명은 곧 교육의 선미(善美)로 이룩된 것이니, 교육은 실로 국가를 보존하는 근본이라 하리로다. 그러므로 짐은 군사 (君師)의 자리에 있어 교육의 책임을 지노라. 또 교 육은 그 길이 있는 것이니 헛된 이름과 실체 소용을 먼저 분별하여야 하리로다.

	(가)	(나)	(다)	(라)	
갑신정변 (1884)		청일전쟁 (1894)	을미사변 (1895)	아관파천 (1896)	만민공동회 (1898)

① (가)   ② (나)   ③ (다)   ④ (라)

15

다음의 정부 조치에 대한 설명으로 옳은 것만을 < 보기 > 에서 모두 고르면?

> 상태가 매우 좋은 갑종 백동화는 개당 2전 5리의 가격으로 새 돈으로 바꾸어 주고, 상태가 좋지 않은 을종 백동화는 개당 1전의 가격으로 정부에서 사 들이며, 팔기를 원치 않는 자에 대해서는 정부가 절 단하여 돌려준다. 다만 모양과 질이 조잡하여 화폐 로 인정하기 어려운 병종 백동화는 사들이지 않는 다.
> - 탁지부령 -

<보기>
ㄱ. 통감부 설치 이후 추진되었다.
ㄴ. 국가재정은 탁지부에서 전관하도록 하였다.
ㄷ. 제일 은행권을 교환용 화폐로 사용하였다.
ㄹ. 필요한 자금을 대느라 거액의 국채가 발생하였 다.

① ㄱ, ㄴ   ② ㄱ, ㄹ   ③ ㄴ, ㄷ   ④ ㄷ, ㄹ

16

< 보기 > 에서 다음 선언서가 발표된 이후의 상 황으로 옳은 것을 모두 고른 것은?

> 우리는 일본 강도 정치 곧 이족(異族) 통치가 우리 조선 민족 생존의 적(敵)임을 선언하는 동시에, 우 리는 혁명선언으로 우리 생존의 적인 강도 일본을 살벌(殺伐)함이 곧 우리의 정당한 수단임을 선언하 노라.

<보기>
ㄱ. 박재혁이 부산 경찰서를 공격하였다.
ㄴ. 김지섭이 일본 도쿄 왕궁에 폭탄을 투척하였다.
ㄷ. 강우규가 사이토 총독에 폭탄을 투척하였다.
ㄹ. 나석주가 동양척식주식회사와 조선식산은행을 공격하였다.

① ㄱ, ㄴ   ② ㄱ, ㄹ   ③ ㄴ, ㄷ   ④ ㄴ, ㄹ

17

일제강점기 식민사학을 비판한 연구 경향으로 옳지 않은 것은?

① 정인보는 5천년 간의 조선 얼을 강조하였다.
② 신채호는 조선상고사를 연재하여 민족의식을 고취하였다.
③ 백남운은 마르크스주의 역사학에 입각하여 한국사의 발전과정을 변증법적 역사발전 법칙에 따라 서술하였다.
④ 조선사편수회는 『조선사』를 편찬하였다.

18

1930년대 독립운동의 설명으로 옳지 않은 것은?

① 함경남도 보천보의 일제 통치 기구를 공격하였다.
② 상하이 홍커우 공원에서 열린 일본군 전승 축하 행사에 폭탄을 던졌다.
③ 독립지사들에게 잔인한 고문을 일삼던 종로경찰서에 폭탄을 던져 큰 피해를 주었다.
④ 김원봉이 여러 단체 인사들과 연합하여 민족혁명당을 창당하였다.

19

다음 밑줄 친 '위원회'에 대한 설명으로 옳은 것은?

> 본 위원회는 우리 민족을 진정한 민주주의적 정권에로 재조직하기 위한 새 국가건설의 준비기관인 동시에 모든 진보적 민주주의적 세력을 집결하기 위하여 각층 각계에 완전히 개방된 통일기관이요, 결코 혼잡된 협동기관은 아니다.

① 북한을 포함한 전국 각지에 지부를 설치하였다.
② 반민족 행위 처벌법에 근거하여 설치되었다.
③ 연통제를 통하여 자금이 조달되었다.
④ 친일청산 등을 명시한 좌우 합작 7원칙을 결정하였다.

20

(가)와 (나) 사이에 있었던 사실로 옳지 않은 것은?

> (가) 기간산업의 육성과 경공업의 신장에 주력하는 제2차 경제개발 5개년 계획이 시작하였다.
> (나) 금융거래의 투명성을 확보하기 위해 금융실명제를 실시하였다.

① 브라운각서 체결
② 남북 기본 합의서 채택
③ 5·18 민주화운동 발발
④ 남북 이산가족 최초상봉

4회

01

다음 삼국시대의 내용 중 옳은 것은 모두 몇 개인가?

가. 침류왕은 노리사치계를 왜에 파견하여 불교를 전하도록 하였다.
나. 백제 멸망 이후 복신과 도침은 주류성에서, 흑치상지는 임존성에서 군사를 일으켜 저항하였다.
다. 대가야는 전라도 지역까지 영토를 확장하였다.
라. 지증왕은 노동력 확보를 위해 순장을 금지시켰다.
마. 문자왕 때는 부여를 복속시켰으며, 고구려의 최대 영토를 확보하였다.

① 2개   ② 3개   ③ 4개   ④ 5개

02

남북국의 통치 체제에 대한 설명으로 옳지 않은 것은?

① 통일신라는 14부 관청, 발해는 3성과 6부를 두어 행정 업무를 분담하였다.
② 발해는 중앙군으로 10위를 두었다.
③ 지방 세력을 제도적으로 통제·감시할 목적으로 일정 기간 경주에 머물게 하는 상수리 제도를 실시하였다.
④ 진골만을 위한 관리 등용제도로 『춘추좌전』, 『논어』, 『효경』 등 유학적 견식을 파악하는 독서삼품과를 실시하였다.

03

다음 글을 쓴 인물이 만난 국왕에 대한 설명으로 옳은 것은?

도기의 빛깔이 푸른 것을 고려인은 비색(翡色)이라고 한다. 근래에 만드는 솜씨와 빛깔이 더욱 좋아졌다. 술그릇의 형상은 참외 같은데, 위에 작은 뚜껑이 있고 그 위에 연꽃에 엎드린 오리 모양이 있다.

① 속현 및 향·소·부곡 등에 감무를 파견하였다.
② 평양에 기자를 숭배하는 기자사당을 세워 국가에서 제사하기 시작했다.
③ 경사 6학을 정비하고 지방의 주현에 향학을 증설하여 유교 교육을 확산시켰다.
④ 전국을 5도 양계로 나누고 그 안에 3경 5도호부 8목을 두어 지방제도를 완비하였다.

04

다음 밑줄 친 선왕에 대한 설명으로 옳은 것은?

휘(諱)는 장(璋)이고, 몽고의 휘는 익지례보화(益智禮普化 - 이지르부카)이다. 선왕의 맏아들이며 어머니는 제국대장공주(齊國大長公主)이다. 을해년 9월 정유일에 출생하였다. 성품이 총명하고 굳세며 결단력이 있었다. 이로운 것을 일으키고 폐단을 제거하여 시정에 그런대로 볼 만한 것이 있었으나 부자(父子) 사이는 실로 부끄러운 일이 많았다. 오랫동안 상국(上國)에 있었는데, 스스로 귀양 가는 욕을 당하였다. 왕위에 있은지 5년이며, 수는 51세이다.
　　　　　　　　　　　-『고려사절요』-

① 태자 시절 원나라 칸을 만나 불개토풍의 강화를 체결하였다.
② 정치도감(整治都監)을 두어 정치개혁을 꾀하였다.
③ 원나라 연호 사용을 중지하고 명과 통교하기 시작하였다.
④ 몽골의 일본 원정에 참여하였다.

05

고려 무신 정권기에 대한 설명으로 가장 옳지 않은 것은?

① 최우는 글씨에 능하여 신품 4현 중 한 명으로 불렸다.
② 쌍성총관부가 설치되어 일부 영토가 지배당하였다.
③ 최충헌은 의종을 폐하고 연이어 명종, 신종 등을 폐하였다.
④ 무신정권기 초반 정권을 잡은 무신들은 기존의 무신회의기구였던 중방을 권력기구로 삼았다.

06

고려의 향도에 대한 설명으로 옳지 않은 것은?

① 전통적 상부상조 계 조직과 삼강오륜 유교 원리를 결합하였다.
② 상장례 등 의례를 행할 수 있는 조직이었다.
③ 매향 활동을 하는 불교의 신앙 조직이었다.
④ 고려의 향도와 관련된 유물로 사천매향비가 있다.

07

다음 자료는 조선시대 어떤 군사체제의 문제점을 지적하고 있다. 이 군사체제와 (가)에 해당하는 것은?

(가) 이후 김수문이 전라도에서 처음으로 도내의 여러 읍을 순변사·방어사·조방장·도원수와 본도 병사·수사에게 소속시키니 여러 도에서 이를 본받았다. … 중략 … 이리하여 한번 위급한 일이 있으면 반드시 멀고 가까운 곳의 군사를 모두 동원하여 빈 들판에 모아놓고 1,000리 밖에서 오는 장수를 기다리게 하였다. 그러므로 장수는 아직 때맞추어 이르지 않았는데, 적은 이미 가까이 오게 되니 군심이 동요하여 반드시 궤멸하는 도리밖에 없다.
- 유성룡의 상계 -

	군사체제	(가)
①	진관체제	삼포왜란
②	진관체제	을묘왜변
③	제승방략체제	삼포왜란
④	제승방략체제	을묘왜변

08

다음의 사건을 시대순으로 바르게 나열한 것은?

ㄱ. 균역법을 실시하였다.
ㄴ. 신해통공을 단행하였다.
ㄷ. 공노비 6만여 명을 해방시켰다.
ㄹ. 호포제를 실시하였다.

① ㄱ → ㄴ → ㄷ → ㄹ　　② ㄱ → ㄷ → ㄴ → ㄹ
③ ㄴ → ㄱ → ㄷ → ㄹ　　④ ㄴ → ㄷ → ㄱ → ㄹ

09

다음 주장을 한 조선 후기 실학자에 대한 설명으로 옳은 것은?

> 중국은 서양과 180도 정도 차이가 난다. 중국인은 중국을 중심으로 삼고 서양을 변두리로 삼으며, 서양인은 서양을 중심으로 삼고 중국을 변두리로 삼는다. 그러나 실제는 하늘을 이고 땅을 밟는 사람은 땅에 따라서 모두 그러한 것이니 중심도 변두리도 없이 모두가 중심이다.
>
> -의산문답-

① 자영농 육성을 위한 토지제도 개혁론으로 한전론을 주장하였다.
② 역사에서 고금의 흥망이 시세(時勢)에 따라 이루어진다고 파악하였다.
③ 사람과 만물의 본성이 같지 않다는 '인물성이론'의 입장에서 자연과학을 탐구하였다.
④ '실옹'과 '허자'의 문답형식을 빌어 지금까지 믿어 온 고정 관념을 상대주의 논법으로 비판하였다.

10

울릉도와 독도에 대한 설명으로 옳지 않은 것은?

① 1905년 2월 22일 시마네현은 「시마네현 고시 제40호」를 고시하여 독도를 일본 땅에 편입하였다.
② 신라 지증왕 대에 이사부를 보내어 우산국을 복속시켰다.
③ 19세기 말 조선 정부는 울릉도 경영에 적극 나서면서 타지 주민들의 울릉도 이주를 금지하였다.
④ 대한제국기에는 울릉도를 울도군으로 승격시키고 관할구역으로 석도(독도)를 함께 규정하였다.

11

조선시대 상공업의 추이에 대한 설명으로 옳은 것을 모두 고른 것은?

> ㄱ. 15세기에 한양의 운종가에 시전이 세워지면서 시전상인들에게 사상을 단속하는 금난전권이 부여되었다.
> ㄴ. 조선 후기에 장시가 전국적으로 확대되었고, 그 시기에 활동했던 보부상은 국가로부터 행상 허가를 받아야 한다.
> ㄷ. 16세기부터 국가사업에서 부역노동의 비중이 줄어들었다.
> ㄹ. 조선 후기 국가에 장인세를 바치는 납포장이 증가하였다.

① ㄱ, ㄴ   ② ㄱ, ㄹ   ③ ㄴ, ㄷ   ④ ㄷ, ㄹ

12

국가의 호구 파악의 기준과 역의 징발에 대한 설명으로 옳은 것은?

> ㄱ. 신라 민정문서에 의하면 남자는 연령에 따라 6등급으로 나누었다.
> ㄴ. 고려의 삼사는 재정 수입과 관련한 화폐·곡식의 출납 업무를 담당하였다.
> ㄷ. 조선에서는 경군이 복무하는 데에 드는 비용을 보조하기 위해 군인전을 지급하였다.
> ㄹ. 조선 영조 때에는 균역법을 실시하여 군포를 2필에서 1필로 줄이는 대신 집집마다 군포를 징수하였다.

① ㄱ, ㄴ   ② ㄱ, ㄹ   ③ ㄴ, ㄷ   ④ ㄷ, ㄹ

13

조선시대에 건축된 목탑으로 옳은 것은?

① 금산사 미륵전   ② 경천사 10층 탑
③ 봉정사 극락전   ④ 법주사 팔상전

14

조선시대 과거의 종류와 정원에 대한 설명으로 옳지 않은 것은?

① 소과의 초시와 복시는 인구 비례에 의해 지역별로 할당되었다.
② 문과(대과)의 최종 합격자는 지역과 관련 없이 성적에 따라 갑, 을, 병으로 나뉘었다.
③ 복시에서 문과(대과)의 합격 정원은 33명, 무과의 합격 정원은 28명이었다.
④ 문과, 무과 모두 초시, 복시, 전시를 시행하였다.

15

다음 조선시대 관련 서적에 대한 설명으로 옳지 않은 것을 < 보기 > 에서 모두 고르면?

<보기>
ㄱ. 동국여지도 - 영조시기 정상기가 지은 최초의 백리척을 사용한 지도
ㄴ. 속대전 - 영조시기 경국대전을 보완하기 위해 편찬한 법전
ㄷ. 발해고 - 정조시기 유득공이 지은 '남북국시대' 를 최초로 언급한 역사서
ㄹ. 고금도서집성 - 정조시기 수원 화성 건설 과정을 기록한 책

① ㄱ, ㄴ   ② ㄱ, ㄹ   ③ ㄴ, ㄷ   ④ ㄴ, ㄹ

16

다음 자료에서 나타난 민족 운동에 대한 설명으로 옳은 것은?

나라 빚 1,300만 원은 우리 대한의 존망에 관계한다. 갚으면 나라가 존재하고 갚지 못하면 나라가 망하는 것이 대세이다.
- 취지문 -

① 한일 신협약에 따라 중지되었다.
② 서울에서는 국채보상기성회가 발족되었다.
③ '1,000만이 1원씩'이라는 구호 아래 모금 운동이 전개되었다.
④ 언론 기관인 대한매일신보사와 독립신문사가 지원하였다.

17

조선총독부의 식민지 정책으로 옳지 않은 것은?

① 1910년대 - 농공은행을 통합하여 조선식산은행을 설립하였다.
② 1920년대 - 보통학교의 수업연한을 6년으로 하고, 조선어를 필수과목으로 하였다.
③ 1930년대 - 도에는 평의회, 부와 면에 협의회를 설치하였다.
④ 1940년대 - 전체 농민까지 식량 공출을 강제한 식량관리령을 제정하였다.

18

다음 글이 발표되기 전의 역사적 사실로 옳은 것은?

국가의 역사는 민족의 소장성쇠(消長盛衰)의 상태를 서술할지라. 민족을 빼면 역사가 없으며 역사를 빼어 버리면 민족의 그 국가에 대한 관념이 크지 않을지니, 오호라 역사가의 책임이 그 역시 무거울진저 … (중략)… 만일 그렇지 않으면 이는 무정신의 역사이다. 무정신의 역사는 무정신의 민족을 낳으며, 무정신의 국가를 만들 것이니 어찌 두렵지 아니하리오.

① 조선에 치안유지법이 시행되었다.
② 이상설이 헤이그 특사로 파견되었다.
③ 독립군 양성을 위한 신흥 강습소가 설치되었다.
④ 안중근이 하얼빈에서 이토를 사살하였다.

19

밑줄 친 '이것'이 파견된 이후의 상황으로 옳지 않은 것은?

당면한 한반도 문제를 심의하는 데 선거로 뽑힌 한반도 국민의 대표가 참여할 것을 결의한다. …(중략)… 참여할 한반도 대표가 한반도의 군정 당국에 의하여 지명된 자가 아니라 한반도 주민에 의하여 정당히 선거된 자임을 감시 하기 위하여 조속히 이것을 설치하여 한반도에 보내고자 한다. 그리고 이것에 한반도 전체에서 여행, 감시, 협의할 수 있는 권한을 주기로 결의한다.

① 소련의 방해로 남한지역에서만 총선거가 실시되었다.
② 제헌 헌법이 공포되었다.
③ 남조선과도입법의원이 구성되었다.
④ 남한 정부가 한반도에서 유일한 합법정부로 승인되었다.

20

박정희 정권기 경제개발에 대한 설명으로 옳은 것은?

① 경제개발 5개년 계획을 처음 시작하였다.
② 외환 보유고 부족으로 위기를 맞이하였다.
③ 한일협정의 체결과 베트남 전쟁은 한국의 경제성장과 관련이 없다.
④ 3저 호황으로 물가가 안정되고 수출이 증가하였다.

5회

01

다음 글에서 언급하고 있는 국가에 대한 설명으로 옳지 않은 것은?

> 남녀가 혼인을 하면 신부 집 뒤꼍에 서옥이라는 집을 짓고 살다가, 거기서 자식을 낳아 장성하면 처가에 많은 재물을 주고 아내와 자식을 자기 집으로 데리고 갔다.

① 옥저를 정복하고 공물을 받는 공납적인 지배를 하였다.
② 장발미인으로 유명한 관나부인은 질투죄로 처벌을 받았다.
③ 흉년이 들면 그 책임을 왕에게 돌려 교체하고자 하든지 혹은 죽이자고 하였다.
④ 대가(大加)들 또한 자체적으로 사자·조의·선인을 두는데, 그 명단을 왕에게 보고한다.

02

시기별 대외 교역에 대한 설명으로 옳지 않은 것은?

① 고조선 - 철이 많이 생산되어 낙랑과 왜에 수출하였다.
② 통일신라 - 교통로인 신라도를 통하여 당과 직접 교역하였다.
③ 고려 - 일본으로부터 주로 수은과 유황을 들여왔다.
④ 조선 - 류큐 및 동남아시아에서 물소뿔, 침향을 들여왔다.

03

밑줄 친 '왕'이 재위하던 시기의 사실로 옳은 것은?

> 왕 16년(538) 봄에 도읍을 사비(소부리라고도 한다)로 옮기고, 국호를 남부여라고 하였다.

① 사비의 왕흥사가 낙성되었다.
② 22담로에 왕족을 보냈다.
③ 신라와 대가야가 혼인동맹을 맺었다.
④ 노리사치계가 왜에 불상과 불경을 전하였다.

04

㉠ ~ ㉢에 들어갈 내용으로 옳은 것은?

> • (㉠) 7년 5월에 문무 관료전을 지급하되, 차등을 두었다.
> • (㉠) 9년 1월에 내·외관의 녹읍을 혁파하고 매년 조(租)를 내리되, 차등이 있게 하였다.
> • (㉡) 21년 8월에 처음으로 (㉢)에게 정전을 지급하였다.

	㉠	㉡	㉢
①	문무왕	경덕왕	귀족
②	문무왕	성덕왕	백성
③	신문왕	성덕왕	백성
④	신문왕	경덕왕	귀족

05

밑줄 친 '그'에 대한 설명으로 옳지 않은 것은?

아버지가 말하기를 "십년 안에 과거에 급제하지 못하면 내 아들이 아니니 힘써 공부하라"라고 하였다. 그는 당에서 스승을 좇아 학문을 게을리 하지 않았다. 건부(乾符) 원년 갑오에 예부시랑 배찬이 주관하는 시험에 합격하여 선주(宣州)의 율수현위에 임명되었다.

-『삼국사기』-

① 역사서인 『제왕연대력』을 저술하였다.
② 난랑비 서문에서 삼교 회통의 사상을 보여주었다.
③ 토황소격문을 작성하였다.
④ 신문왕에게 『화왕계』를 바쳤다.

06

삼국시대 및 통일신라시대의 유교에 대한 설명으로 옳지 않은 것은?

① 백제에는 박사 제도가 있었으며, 일본에 유교경전을 전해주었다.
② 고구려는 수도에 태학을 두어 귀족자제들에게 유교경전을 가르쳤다.
③ 신문왕대에는 당나라로부터 공자와 그 제자들의 화상(畫像)을 들여와서 국학에 안치시켰다.
④ 원성왕대에는 유교경전 이해 수준에 대한 시험인 독서삼품과를 실시하였다.

07

고려시대의 신분제도에 대한 설명으로 옳지 않은 것은?

① 화척, 재인, 양수척을 호적에 올려 그들에게 역을 부담시켰다.
② 죄를 지어 관직에 나갈 수 없는 자들을 귀향시키는 형벌이 있었다.
③ 백정은 직역이 없는 농민으로 조세·공납·역을 부담하였다.
④ 궁중실무를 담당하는 내료직으로 남반이 있었다.

08

다음은 역대 군사 조직에 대한 설명이다. 시대순으로 바르게 나열한 것은?

ㄱ. 양반에서부터 노비에 이르기까지 편제 대상이 되었다.
ㄴ. 진도와 제주도 등을 중심으로 몽골군에 항쟁을 하였다.
ㄷ. 서리, 잡학인, 신량역천인 등이 소속되어 유사시에 동원되었다.
ㄹ. 삼수병으로 구성되었으며 면포와 수공업제품의 판매를 통해 난전에 가담하였다.

① ㄱ→ㄴ→ㄷ→ㄹ   ② ㄴ→ㄷ→ㄱ→ㄹ
③ ㄴ→ㄷ→ㄹ→ㄱ   ④ ㄷ→ㄴ→ㄱ→ㄹ

09

조운제도에 대한 설명으로 옳지 않은 것은?

① 고려시대 양계에서는 조세를 현지 경비로 사용하였다.
② 조창에서 개경까지의 운반은 조창민이 담당하였다.
③ 통일신라 시대에 처음 등장하였다.
④ 조선시대 최대의 조창으로 충주 가흥창이 있다.

10

조선시대의 법전에 대한 설명으로 옳지 않은 것은?

①『경국대전』- 세조대 형전과 호전을 편찬하였다.
②『대한국국제』- 법규교정소에서 만국공법에 기초하여 제정하였다.
③『대전통편』- 고종대 육전조례와 같이 편찬되었다.
④『속대전』- 영조가 직접 서문을 지어 간행하였다.

11

(가)와 (나)시기 사이에 있었던 일들 중 옳은 것만을 < 보기 > 에서 모두 고르면?

> (가) 궁궐에 신문고를 설치하여 반란음모를 알리게 하였다.
> (나) 군사제도를 익군체제에서 진관체제로 바꿈으로써 지방군제의 기본체제가 완성되었다.

<보기>
ㄱ. 역대 시와 산문의 정수를 모은『동문선』을 편찬하였다.
ㄴ. 일본과 계해약조를 맺어 1년에 50척으로 무역선을 제한하였다.
ㄷ. 충신· 효자· 열녀 등의 행적을 담은『삼강행실도』를 편찬하였다.
ㄹ. 조의제문이 발단이 되어 김일손 등이 처형되었다.

① ㄱ, ㄴ   ② ㄱ, ㄷ   ③ ㄴ, ㄷ   ④ ㄴ, ㄹ

12

다음은 천주교와 관련된 역사적 사실이다. (가)와 (나) 사건 사이에 있었던 사실로 옳은 것은?

> (가) 이수광의『지봉유설』은 자신의 호인 '지봉'을 붙인 항목별로 분류하여 알아보기 쉽도록 엮은 책의 형태이다. 이 책의 2권에서는 마테오 리치가 중국에 와서 저술한『천주실의』를 소개하였다.
> (나) 이승훈은 1783년 동지사의 서장관으로 떠나는 아버지를 따라 북경에 들어가 약 40일간 그곳에 머물면서 선교사들로부터 필담으로 교리를 배운 뒤, 그라몽 신부에게 세례를 받아 한국인 최초의 영세자가 되었다.

① 정약용이 유배 중 목민심서를 저술하였다.
② 김육의 건의로 시헌력이 도입되었다.
③ 홍경래, 우군칙 등이 주도하여 난을 일으켰다.
④ 양헌수가 정족산성에서 프랑스군을 격퇴하였다.

13

조선시대의 군사제도에 대한 설명으로 옳지 않은 것은?

① 오위도총부가 군무를 통괄하였다.
② 지방의 주요 거점을 중심으로 진관을 편제하였다.
③ 속오군은 생업에 종사하다가 일정 기간 군사훈련을 받았다.
④ 수어청을 설치하여 궁궐을 수비하였다.

14

우금치 전투가 진행되기 이전 당시에 대한 설명으로 옳은 것은?

① 정부가 개국기년을 사용하기로 하였다.
② 건양이라는 연호가 제정되었다.
③ 고종이 홍범 14조를 발표하였다.
④ 지방제도가 23부 337군으로 개편되었다.

15

19세기 말 이후 전개된 해외 이주에 대한 설명으로 옳지 않은 것은?

① 통감부는 교민의 통제와 영토의 편입을 위해 북간도관리사를 파견하였다.
② 연해주로 이주한 한인들은 권업회를 조직하여 기관지를 발행하였다.
③ 만주로 이주한 한인들은 1918년에 '대한독립선언서'를 발표하였다.
④ 북간도로 이주한 한인들은 서전서숙을 설립하여 민족 교육을 실시하였다.

16

일제의 경제수탈정책에 대한 설명으로 옳지 않은 것은?

① 1910년에 실시된 토지조사사업에서 일제는 소유권이 불분명한 역둔토, 궁장토를 국유지로 편입시켰다.
② 1920년대 일본 자본의 조선 진출 요구가 커지자, 조선총독부는 회사의 설립과 해산을 신고제에서 허가제로 강화하였다.
③ 1920년대 일제는 자국의 식량 문제를 해결하기 위하여 산미증식계획을 시행하였는데, 한국인 지주도 이에 편승하여 토지를 크게 늘렸다.
④ 1930년대 일제는 일본 방직 공업 원료 확보 목적으로 남면북양 정책을 실시하였다.

17

⊙ ~ ⓔ에 들어갈 내용으로 옳은 것은?

> ㄱ. 양세봉이 이끌던 (⊙)은/는 중국의용군과 한중연합작전을 전개하였다.
> ㄴ. 소련 내 한인 부대들 간에 군사 지휘권 분쟁이 일어났으며, 이 과정에서 독립군들의 무장해제를 요구하는 (ⓛ)(으)로부터 공격을 받아 피해를 입었다.
> ㄷ. 만주로 돌아온 독립군은 일제와 만주 군벌의 탄압 속에서도 조직의 재건에 착수하여 (ⓒ), 정의부, 신민부를 조직하였다.
> ㄹ. 김좌진이 이끌던 북로 군정서군과 홍범도가 이끈 (ⓔ)의 연합부대는 청산리 일대에서 6일간 10여 차례의 전투를 통해 일본군을 대파하였다.

	⊙	ⓛ	ⓒ	ⓔ
①	조선의용군	백군	대한통의부	대한독립군
②	조선의용군	적군	참의부	대한독립군
③	조선혁명군	백군	참의부	한국독립군
④	조선혁명군	적군	참의부	대한독립군

18

다음 선언문을 발표한 이후에 대한 설명으로 옳은 것은?

> 우리 동맹국은 일본이 제1차 세계대전 이후에 탈취하거나 점령한 태평양의 도서 일체를 박탈할 것과 만주, 팽호도와 같이 일본이 청국에게서 빼앗은 지역을 모두 중화민국에 반환할 것을 목표로 한다. … (중략) … 그리고 우리 세 나라는 현재 한국 국민이 노예 상태 하에 있음을 유의하여 적당한 시기에 한국을 자주·독립국가로 할 결의를 가지고 있다.

① 일본이 국가 총동원법을 공포하였다.
② 4개국에 의한 최장 5개년의 한반도 신탁통치를 결정하였다.
③ 회담의 영향으로 임시정부가 건국 강령을 발표하였다.
④ 독립운동의 방략을 논의하기 위하여 국민 대표 회의가 개최되었다.

19

1930년대 전개된 국내외 독립운동으로 옳지 않은 것은?

① 이청천 등이 만주에서 한국독립군을 발족하였다.
② 사회주의와 연계한 비합법적 혁명적 농민조합 운동이 일어났다.
③ 정인보, 안재홍 등이 『여유당전서』를 간행하였다.
④ 태항산 지역에서 조선의용군이 팔로군과 협동작전을 벌였다.

20

다음의 사건을 시대순으로 바르게 나열한 것은?

> ㄱ. 정부가 대통령중심제에서 내각 책임제로 헌법을 개정하였다.
> ㄴ. 정부가 긴급조치권을 발동하여 헌법 개정논의를 탄압하였다.
> ㄷ. 마산의 중앙부두에서 김주열군의 시신이 발견되었다.
> ㄹ. 신군부가 비상계엄을 전국으로 확대하였다.

① ㄱ→ㄴ→ㄷ→ㄹ   ② ㄴ→ㄱ→ㄷ→ㄹ
③ ㄷ→ㄱ→ㄴ→ㄹ   ④ ㄷ→ㄴ→ㄱ→ㄹ

6회

01

다음 자료와 관련된 인물에 대한 설명으로 옳지 않은 것은?

> 당나라 소종 황제가 중흥을 이룰 때, 전쟁과 흉년이라는 두 가지 재앙이 서쪽에서 그치고 동쪽으로 오니 굶어서 죽고 전쟁으로 죽은 시체가 들판에 별처럼 늘어 있었다.
> -해인사 묘길상탑기-

① 고선사 서당화상비문을 작성하였다.
② 진성여왕에게 시무 10조를 건의 하였다.
③ 유불도에 능하였다.
④ 당나라의 빈공과에 급제하였다.

02

우리나라 토지제도에 대한 설명으로 옳지 않은 것은?

① 녹읍은 직역에 대한 대가로 수조권만을 지급한 것이다.
② 귀족 세력의 힘이 강해지면서 경덕왕 때 녹읍이 부활하였다.
③ 세조는 현직 관리에게만 과전을 지급하는 직전제를 시행하였다.
④ 목종은 인품과 공복을 기준으로 토지를 지급하는 개정 전시과를 시행하였다.

03

밑줄 친 '짐'에 대한 설명으로 옳은 것은?

> 짐은 평범한 가문 출신으로 분에 넘치게 사람들의 추대를 받아 왕위에 올랐다. 재위 19년 만에 삼한을 통일하였고, 이제 왕위에 오른 지도 25년이 되었다. 몸이 이미 늙어지니, 후손들이 사사로운 인정과 욕심을 함부로 부려 나라의 기강을 어지럽게 할까 크게 걱정이 된다.

① 민생 안정을 위해 연등회와 팔관회를 축소하였다.
② 풍수지리 사상을 존중하고 서경을 중시하였다.
③ 매소성 전투에서 당의 군대를 격파하였다.
④ 통일을 감사한다는 의미의 감은사를 설립하였다.

04

다음 유물에 해당되는 국가에 대한 설명으로 옳은 것만을 모두 고르면?

> 색이 푸른데 사람들은 이를 비색(翡色)이라 한다. 근년에 들어와 제작이 공교해지고 광택이 더욱 아름다워졌다. 술병의 형태는 참외와 같은데, 위에는 작은 뚜껑이 있고 마치 연꽃에 엎드린 오리 모양이다.

<보기>
ㄱ. 거란족을 복속시키고 요서 지역으로 진출하였다.
ㄴ. 대표적인 건축물로 봉정사 극락전과 부석사 무량수전이 있다.
ㄷ. 현존하는 최고의 의학서적인 향약구급방이 편찬되었다.
ㄹ. 구리로 만든 계미자가 주조되었다.

① ㄱ, ㄴ　　② ㄱ, ㄹ　　③ ㄴ, ㄷ　　④ ㄷ, ㄹ

05

다음 사서에 대한 설명으로 옳은 것은?

> 그러므로 삼국의 시조들이 모두 신기한 일로 탄생했음이 어찌 괴이하겠는가. 이것이 책 첫머리에 기이편(紀異篇)이 실린 까닭이며, 그 의도도 여기에 있는 것이다.

① 민간 설화와 신라의 향가 11수를 수록하였다.
② 본기, 열전 등 기전체 형식으로 서술되었다.
③ 동명왕의 건국 설화를 5언시체로 재구성하여 서술하였다.
④ 민족 시조인 단군을 강조하고 발해에 대한 내용을 서술하였다.

06

밑줄 친 '열 가지 일'에 대한 내용으로 옳은 것만을 < 보기 > 에서 모두 고르면?

> 그가 글을 올리기를 "이의민은 성품이 사납고 잔인하여 윗사람을 업신여기고 아랫사람을 능멸했습니다. … (중략) … 원컨대 폐하께서는 태조의 바른 법을 따라서 이를 행하여 빛나게 중흥하소서. 이에 삼가 열 가지 일을 조목별로 아룁니다."

<보기>
ㄱ. 비보 이외의 사찰을 도태시킬 것
ㄴ. 승려를 단속하고 왕실의 고리대금업을 금할 것
ㄷ. 명산대천 용신을 섬기는 팔관회를 성실하게 열 것
ㄹ. 서경을 중요시할 것

① ㄱ, ㄴ　　② ㄱ, ㄷ　　③ ㄴ, ㄹ　　④ ㄷ, ㄹ

07

(가), (나) 사건 사이에 있었던 사실로 옳은 것만을 < 보기 > 에서 모두 고르면?

(가) 윤관이 여진을 공격하여 동북지방의 여러 지역을 점령하고 9성을 쌓아 군사를 주둔시켰다.
(나) 고종 19년 몽골의 침입에 대비하여 강화로 천도하였다.

<보기>
ㄱ. 최충헌이 정권을 장악한 이후 교정도감을 설치하였다.
ㄴ. 개경에 나성을 쌓아 침입에 대비하였다.
ㄷ. 인사 행정을 담당하던 정방이 폐지되었다.
ㄹ. 박서가 귀주성에서 몽골군의 침입을 막아내었다.

① ㄱ, ㄴ   ② ㄱ, ㄹ   ③ ㄴ, ㄷ   ④ ㄷ, ㄹ

08

밑줄 친 '선왕'과 관련된 설명으로 옳은 것은?

임금이 교지를 내렸다. "지금 그의 제자 김일손이 찬수한 사초 내에 부도덕한 말로 선왕의 일을 터무니없이 기록하였다. … (중략) … 성덕을 속이고 논평하여 김일손으로 하여금 역사에 거짓을 쓰는 지경에까지 이르렀다."

① 무오사화와 갑자사화가 발생하였다.
② 성삼문 등이 상왕의 복위를 꾀하다가 처형되었다.
③ 한양으로 천도하고 창덕궁을 건립하였다.
④ 국가의 여러 행사 규범을 담은 『국조오례의』가 편찬되었다.

09

다음 관청에 대한 설명으로 옳지 않은 것은?

중앙과 지방의 군국 기무를 모두 관장한다.
… (중략) … 도제조(都提調)는 현임과 전임 의정이 겸임한다. 제조는 정수가 없으며, 왕에게 아뢰어 차출하되 이조·호조·예조·병조·형조의 판서, 훈련도감과 어영청의 대장, 개성·강화의 유수(留守) 대제학이 예겸(例兼)한다.

① 을묘왜변 중에 상설화되었다.
② 세도정치 시기에 사실상 폐지되었다.
③ 본래 외적의 침입에 대비한 임시기구였다.
④ 임진왜란을 계기로 군사 및 정무 전반을 관할하였다.

10

다음 사건이 일어난 왕대의 사실로 옳은 것은?

진주민 수만 명이 머리에 흰 수건을 두르고 손에는 나무 몽둥이를 들고 무리를 지어 진주 읍내에 모여 서리들의 가옥 수십 호를 불사르고 부수어서, 그 움직임이 결코 가볍지 않았다. 우병사가 해산시키려고 장시에 나갔다. 그때 흰 수건을 두른 백성들이 그를 빙 둘러싸고 백성의 재물을 횡령한 조목, 그리고 아전들이 세금을 포탈하고 강제로 징수한 일들을 여러 번 문책하였다. 그 능멸하고 핍박함이 조금도 거리낌이 없었다.

① 축척의 개념인 백리척을 사용한 동국지도가 제작되었다.
② 각 궁방과 중앙 관서의 공노비가 해방되었다.
③ 서인과 남인이 두 차례에 걸쳐 예송을 전개하였다.
④ 중인들이 대규모 소청 운동을 전개하였다.

11

조선 왕실 의궤에 대한 설명으로 옳지 않은 것은?

① 화성성역의궤는 정조시기 수원 화성 건설 과정을 기록한 것이다.
② 병인양요 시기 외규장각에 있는 의궤가 프랑스군에게 약탈 되었다.
③ 조선 전기부터 제작되어 조선 전기 왕실의 기록이 현재까지 전해지고 있다.
④ 조선 왕실 의궤는 유네스코 세계기록유산으로 등재되었다.

12

다음 상소문이 발표되기 이전의 상황으로 옳은 것은?

> 저들의 욕심은 물화를 교역하는 데 있습니다.
> … (중략) … 저들이 비록 왜인이라고 하지만 본질적으로는 서양 오랑캐와 다를 것이 없습니다. 강화가 이루어지면 사악한 서적과 천주교가 다시 들어와 나쁜 기운이 온 나라를 덮게 될 것입니다."

① 함경도 지역에서 방곡령이 실시되었다.
② 구식 군인들이 왕궁, 일본 공사관, 민씨 일족을 습격하고 대원군을 옹립하고자 하였다.
③ 유생들이 『조선책략』의 내용을 비난하고 이것을 가져온 김홍집의 처벌을 요구하였다.
④ 어재연 부대가 광성보에서 항전하였다.

13

의병에 대한 설명으로 옳지 않은 것은?

① 을사조약이 체결되자 민종식이 의병을 이끌고 홍주성을 공격했다.
② 남한 대토벌 작전 이후 13도 창의군이 결성되어 서울진공작전을 개시하였다.
③ 정묘호란 때에 정봉수, 이립 등이 의병을 일으켜 후금군에게 타격을 주었다.
④ 임진왜란 때에 조헌, 고경명은 의병을 이끌고 금산에서 일본군에게 타격을 주었다.

14

다음 인물에 대한 설명으로 옳은 것은?

> 그는 인천 개항 등의 현안 문제를 타결하기 위해 2차 수신사 단장으로 일본에 다녀왔다. 그는 온건개화파로서 갑오개혁 등 개화정책을 적극 펼쳤다. 아관파천으로 친러정권이 수립된 후 친일 대신으로 지목되어 광화문에서 군중들에게 타살되었다.

① 『조선책략』을 입수하여 국내에 소개하였다.
② 임병찬과 함께 독립의군부를 조직하려고 하였다.
③ 서원철폐 조치 등에 반대하면서 흥선대원군을 탄핵하였다.
④ 일제의 침략상을 고발한 『한국독립운동지혈사』를 저술하였다.

15

자료에 나타난 정책을 시행한 정부에 대한 설명으로 옳은 것은?

> 종래의 양전처럼 농지의 비척(肥瘠)이나 가옥의 규모를 조사하는 것에만 그치지 않고, 전국 토지 일체에 대한 조사를 목표로 지질과 산림·천택, 수풀과 해변, 도로에 이르기까지 광범위하게 조사하였다. 나아가 전국 토지의 정확한 규모와 소재를 파악하는 한편 소유권을 확인해 주기 위해 지계(地契)를 발행하는 사업을 함께 전개하였다.

① 건양이라는 연호를 제정하였다.
② 금본위제 도입을 시도하였다.
③ 홍범 14조를 개혁의 기본 방향으로 제시하였다.
④ 개화 정책을 추진할 기구로 통리기무아문을 설치하였다.

16

밑줄 친 '철도'에 대한 설명으로 옳지 않은 것은?

> 그 종점이 되는 초량 등은 혹시 그럴 수도 있으므로 괴이할 것이 없으나 중간 장시나 향촌의 참(站)에는 화물이 풍부하지 않고 탑승객이 많지 않은데 어찌 그 부지로 20만 평이나 쓰는가. 이는 일본인의 식민 계략이니, …(중략)… 또한 본 철도 선로가 완성되면 물산 제조와 정치상 사업이 진보하여 얼마간 확장되느니 면이 있겠으나 일본의 식민 욕심은 이 때문에 더욱 절실해질 것이다.
> -『황성신문』 1901년 10월 7일-

① 군용철도 명목으로 개통되었다.
② 부설을 위하여 서북철도국이 설립되었다.
③ 부설 과정에서 한국인의 토지와 가옥이 강압적으로 수용되었다.
④ 최남선이 이 철도와 관련된 최초의 철도 노래를 발표하였다.

17

통감부 지배 시기에 시행된 정책으로 옳지 않은 것은?

① 조선인의 협력을 부르짖는 국민총력운동을 전개하였다.
② 내장원이 가졌던 홍삼전매와 역둔토 수입을 국고로 귀속시켰다.
③ 신문 발행의 허가제를 규정하는 사립학교령을 제정하였다.
④ 「토지가옥증명규칙」을 제정하여 매매·저당 등의 법적 기초를 마련하였다.

18

다음 강령을 채택한 단체가 결성된 이후 전개된 사건은?

> • 우리는 조선 민족의 정치적 경제적 해방의 실현을 도모한다.
> • 우리는 전 민족의 총역량을 집중하여 민족적 대표 기관이 되기를 기한다.
> • 우리는 일체의 개량주의 운동을 배척하여 전 민족의 현실적인 공동 이익을 위하여 투쟁한다.

① 6.10 만세운동　　② 정우회 선언
③ 광주학생 항일운동　　④ 민립대학 기성회 설립

19

밑줄 친 '선생'의 활동으로 옳은 것은?

> 그 길로 안공근의 집에 가서 선서식을 하고 폭탄 두 개와 300원을 주면서 "<u>선생</u>은 마지막 가시는 길이니 이 돈을 아끼지 말고 동경(東京) 가시기까지 다 쓰시오. 동경에 도착하여 전보를 치면 다시 돈을 보내드리리다."라고 말했다. 그리고 기념사진을 찍기 위해 사진관으로 갔는데, 사진을 찍을 때 내 얼굴에 자연 슬픈 기색이 있었던지 그가 나를 위로하면서 "저는 영원한 쾌락을 누리고자 이 길을 떠나는 것이니 서로 기쁜 얼굴로 사진을 찍으십시다."라고 하였다. 나 역시 미소를 띠고 사진을 찍었다.

① 홍커우 공원에서 폭탄을 던졌다.
② 일본 도쿄 왕궁의 이중교에 폭탄을 던졌다.
③ 하얼빈에서 이토 히로부미를 사살하였다.
④ 상하이에서 한인애국단에 참가하였다.

20

(가), (나) 사건 사이에 있었던 사실로 옳은 것만을 < 보기 > 에서 모두 고르면?

> (가) 5.10 총선의 실시로 제헌 국회가 구성되어 국호를 '대한민국'으로 정하고, 헌법을 제정하였다.
> (나) 안전보장이사회는 …(중략)… 북한군의 대한민국에 대한 무력공격이 평화 파괴를 조성한다고 단정하였다.
>
> <보기>
> ㄱ. 유엔총회에서 대한민국이 유일한 합법정부로 인정되었다.
> ㄴ. 남조선과도입법의원이 구성되었다.
> ㄷ. 귀속재산 처리를 위한 「귀속재산처리법」이 제정되었다.
> ㄹ. 제주도 내 좌익 세력이 단독 선거 반대를 내세우며 무장 봉기하였다.

① ㄱ, ㄴ   ② ㄱ, ㄷ   ③ ㄴ, ㄷ   ④ ㄷ, ㄹ

7회

01

다음 밑줄 친 '이 나라'에 대한 설명으로 옳은 것은?

> <u>이 나라</u>에는 범금(犯禁) 8조가 있다. 사람을 죽인 자는 바로 죽인다. 남에게 상처를 입히면 곡식으로 갚는다. 도둑질한 자는 노비로 삼는다. 노비에서 벗어나기를 원하는 자는 50만 전을 내야 하는데 비록 면하여 백성 신분이 되어도 사람들이 이를 부끄럽게 여겨 장가들고자 하여도 결혼할 사람이 없다.
> -『한서』-

① 철이 많이 생산되어 화폐처럼 사용하였다.
② 왕 아래 대부, 박사 등의 관직을 두었다.
③ 말, 주옥, 모피 등의 특산물이 유명하였다.
④ 왕이 죽으면 주변 사람을 함께 묻는 순장의 풍습이 있었다.

02

< 보기 > 의 사건을 시간 순으로 바르게 나열한 것은?

> <보기>
> ㄱ. 고구려의 왜구 격퇴
> ㄴ. 신라와 대가야의 혼인동맹
> ㄷ. 신라의 우역 설치
> ㄹ. 아시촌 소경 설치

① ㄱ-ㄴ-ㄷ-ㄹ   ② ㄱ-ㄷ-ㄹ-ㄴ
③ ㄷ-ㄱ-ㄴ-ㄹ   ④ ㄹ-ㄱ-ㄷ-ㄴ

03

다음 < 보기 > 에서 신라의 문화재를 모두 고른 것은?

> **<보기>**
> ㄱ. 백률사 석당
> ㄴ. 정림사지 5층 석탑
> ㄷ. 금동대향로
> ㄹ. 법주사 쌍사자 석등

① ㄱ, ㄷ   ② ㄱ, ㄹ   ③ ㄴ, ㄷ   ④ ㄷ, ㄹ

04

< 보기 > 의 밑줄 친 '그'에 대한 설명으로 가장 옳은 것은?

> **<보기>**
> 그는 당나라로 가던 도중 진리는 마음 속에 있음을 깨닫고 유학을 포기하였다. 여러 종파의 갈등을 보다 높은 수준에서 융화, 통일시키려 하였으므로, 훗날 화쟁국사(和諍國師)로 추앙받았다.

① 유식론을 독자적으로 발전시켰다.
② 참선과 수행을 통해 깨달음을 얻고자 하였다.
③ 관음신앙을 이끌며 부석사를 창건하였다.
④ 무애가를 유포하여 일반 백성을 교화하였다.

05

< 보기 > 이후 발생한 사건으로 가장 옳은 것은?

> **<보기>**
> 나라 안의 모든 주군(州郡)에서 공물과 부세를 보내지 않아, 창고가 텅텅 비어 나라 재정이 궁핍하였다. 왕이 사신을 보내 독촉하니 곳곳에서 도적이 벌떼처럼 일어났다. 이 때 원종(元宗)과 애노(哀奴) 등이 사벌주를 근거지로 하여 반란을 일으켰다.

① 견훤이 경주를 침략하고 경순왕을 옹립하였다.
② 당나라가 문무왕의 동생 김인문을 신라 왕으로 임명하고 군대를 동원하였다.
③ 당의 요청으로 성덕왕은 발해를 공격하였으나 실패하였다.
④ 장보고의 도움을 받아 신무왕이 즉위하였다.

06

다음 ㉠의 침입과 연관된 것만 < 보기 > 에서 모두 고른 것은?

> 처음 충주부사 우종주가 매양 장부와 문서로 인하여 판관 유홍익과 틈이 있었는데, (㉠)이(가) 장차 쳐들어 온다는 말을 듣고 성 지킬 일을 의논하였다. 그런데 의견상의 차이가 있어서 우종주는 양반별초를 거느리고, 유홍익은 노군과 잡류별초를 거느리고 서로 시기하였다. (㉠)이(가) 오자, 우종주와 유홍익은 양반 등과 함께 다 성을 버리고 도주하고, 오직 노군과 잡류만이 힘을 합쳐서 이를 쫓았다.
> -『고려사』-
>
> **<보기>**
> ㄱ. 고려에 동북 9성을 돌려달라고 요구하였다.
> ㄴ. 상륙을 막기 위한 방법으로 화포를 개발하기도 하였다.
> ㄷ. 황룡사 9층탑, 부인사 소장 대장경 등 많은 문화재가 불탔다.
> ㄹ. 개경으로의 환도를 반대하는 세력들이 진도 용장산성에 행궁을 마련하고 주변 섬을 장악하였다.

① ㄷ, ㄹ   ② ㄴ, ㄹ   ③ ㄴ, ㄷ   ④ ㄱ, ㄷ

07

고려시대의 사회모습에 대한 설명으로 옳지 않은 것은?

① 상평창은 물가 조절기관으로서 곡식과 포의 가격이 내렸을 때 사들였다가 값이 오르면 싸게 내다 팔았다.

② 향리는 지방의 지배 신분을 유지하며, 무신들의 자문을 담당하기도 하였다.

③ 동·서 활인서는 유랑자의 수용과 구휼을 담당하였다.

④ 기본적으로 태형(笞刑), 장형(杖刑), 도형(徒刑), 유형(流刑), 사형(死刑)의 5형 체제를 가지고 있었다.

08

< 보기 > 의 (가) ~ (라)에 대한 설명으로 가장 옳은 것은?

<보기>
조선 왕조 개창 당시 관리의 경제적 기반을 보장하기 위해 (가)을/를 시행하였다. 이는 경기 지방의 토지를 대상으로 했으며, 관리 사후 지급받은 토지를 국가에 반납하는 것이었다. 하지만 관리 사후 아내가 재혼하지 않았으면 그 전부 혹은 일부를 (나)(으)로 지급했으며, 부모가 모두 죽고 자손이 20세 미만이면 이들의 부양을 위해 (다)(으)로 주어졌다. 이후 세조는 이러한 제도를 고쳐 (라)을/를 시행하여, 그 지급 대상을 축소했다.

① (가)는 '과전법'으로, 현직 관리에게만 지급한 것이다.

② (나)는 '휼양전'으로, 전지와 시지를 나누어 주는 것이다.

③ (다)는 '구분전'으로, 수조권을 지급하는 것이다.

④ (라)는 '직전법'으로, 그 시행에 따라 수신전이 폐지되었다.

09

다음 자료가 지칭하는 왕에 대한 설명으로 옳은 것은?

왕이 명하기를, "옛날에 소금을 전매하던 법은 국가 재정에 대비하려는 것이었다. 본국의 여러 궁원(宮院)·사사(寺社)와 권세가들이 사사로이 염분(鹽盆)을 설치하여 그 이익을 독점하고 있으니 국가 재정을 무엇으로써 넉넉하게 할 수 있을 것인가? … (중략) … 그리하여 소금을 쓰는 자는 모두 의염창(義鹽倉)에 가서 사도록 하고, 군현 사람들은 모두 본관(本管)의 관사(官司)에 나아가 포(布)를 바치고 소금을 받도록 하라. 만약 사사로이 염분을 설치하거나 몰래 서로 무역하는 자가 있으면 엄히 죄로 다스려라."라고 하였다. -『고려사』-

① 사림원(詞林院)을 설치하고 개혁정치를 추진하였다.

② 정치도감(整治都監)을 두어 정치개혁을 꾀하였다.

③ 원나라 연호 사용을 중지하고 명과 통교하기 시작하였다.

④ 유학의 진흥을 위해 섬학전이라는 장학기금을 운영하였다.

10

다음 밑줄 친 왕의 업적에 대한 설명으로 옳지 않은 것은?

> 왕은 『예기』에 있는 구절 중 "신의가 있고 아첨하지 않는 것은 군자의 공정한 마음이요, 아첨하고 신의가 없는 것은 소인의 사사로운 마음이다(周而弗比 乃君子之公心 比而弗周 寔小人之私意)"라는 부분을 친서하여 비에 새겨 성균관에 세웠다.

① 청계천 준설 사업으로 일자리를 창출하고, 홍수에 대비하였다.
② 형벌 제도를 개선해 가혹한 악형을 없앴다.
③ 붕당을 없애자는 논리에 동의하는 탕평파를 중심으로 정국을 운영하였다.
④ 각 붕당의 주장이 옳은지 그른지를 명백히 가리는 준론탕평(峻論蕩平)을 추진하였다.

11

< 보기 > 와 같은 주장을 편 인물에 대한 설명으로 가장 옳은 것은?

> <보기>
> 토지 소유를 제한하는 법령을 세우십시오. 모년 모월 이후부터 제한된 토지보다 많은 자는 더 가질 수 없고, 그 법령 이전부터 소유한 것은 비록 광대한 면적이라 해도 불문에 부치며, 그 자손에게 분급해 주는 것은 허락하고, 혹시 사실대로 하지 않고 숨기거나 법령 이후에 제한을 넘어 더 점유한 자는 백성이 적발하면 백성에게 주고, 관아에서 적발하면 관아에서 몰수하십시오. 이렇게 한다면 수십 년이 못 가서 전국의 토지는 균등하게 될 것입니다.
> -『한민명전의』-

① 『북학의』를 저술하여 청 문물의 수용을 역설하였다.
② 『과농소초』를 통해 농기구의 개량을 주장하였다.
③ 화폐 제도의 문제점을 지적하며 폐전론을 주장하였다.
④ 동·서양 수학을 정리하여 『주해수용』을 저술하였다.

12

다음과 같은 명을 내린 왕에 대한 설명으로 옳은 것은?

> 삼강은 인도의 근본이니, 군신·부자·부부의 도리를 먼저 알아야 할 것이다. 이제 내가 유신에게 명하여 고금의 사적을 편집하고 아울러 그림을 붙여 만들어 이름을 '삼강행실'이라 하고, 인쇄하게 하여 서울과 외방에 널리 펴고자 한다.

① 압록강과 두만강 지역에 4군 6진을 설치하였다.
② 사섬서를 두어 지폐인 저화를 발행하였다.
③ 『국조오례의』를 편찬하여 국가의 예법과 절차를 정하였다.
④ 국방력 강화를 위해 진관 체제를 실시하였다.

13

『조선왕조실록』에 대한 서술로 옳지 않은 것은?

① 고려시대의 왕대별 『실록』을 편찬하는 전통이 조선시대에도 계속되었다.
② 태종 이래 사고가 정비되어 춘추관을 비롯해 충주사고, 성주사고, 전주사고 등 4대 사고가 운영되었다.
③ 『실록』 편찬의 공정성을 확보하기 위하여 왕이 죽은 후에 『실록』을 편찬하는 것이 관례였다.
④ 국왕과 신하가 정사를 논의한 발언과 행동을 사관(史官)이 기록하였는데 이를 「사초(史草)」라고 불렀다.

14

다음 자료에 나타난 민족 운동에 대한 설명으로 옳은 것은?

> 어제 태화관에서 민족 대표의 만세 소리가 시작되자 동시에 탑골 공원에 모여 있던 수만 명의 학생들도 조선 독립 만세를 일제히 외치기 시작했다. 학생들은 너무 기뻐서 덩실덩실 춤을 추면서 바람이 몰아치고 물결이 솟구치는 듯한 기세로 시내를 누볐다. … (중략) … 만세 소리는 시간이 갈수록 커져만 가서 종로 4가에서는 그야말로 하늘과 땅이 진동할 정도였다고 한다.
>   - 『조선독립신문』 제2호 -

① 파리강화회의에 김규식을 대표로 파견되는 계기가 되었다.
② 통감부의 방해와 탄압으로 중단되었다.
③ 치안 유지법에 의해 지도부가 검거되었다.
④ 일제가 문화통치를 실시하는 계기가 되었다.

15

다음 조약이 체결된 이후의 조약으로 옳은 것은?

> 제1조 한국 정부는 시정 개선에 관하여 통감의 지도를 받는다.
> 제2조 한국 정부의 법령 제정과 중요한 행정상의 처분은 미리 통감의 승인을 거친다.
> 제4조 한국의 고등 관리의 임명과 해임은 통감의 동의를 받아 이를 집행한다.
> 제5조 한국 정부는 통감이 추천한 일본인을 한국 관리로 임명한다.

① 한일 의정서   ② 을사조약
③ 제1차 한·일 협약   ④ 한국 병합 조약

16

(가) ~ (나)시기 있었던 사실로 옳은 것은?

> (가) 전라도 각지에 집강소가 설치되었다.
> (나) 청과 일본이 시모노세키 조약을 체결하였다.

① 청일 전쟁이 발발하였다.
② 친위대, 진위대가 설치되었다.
③ 삼국간섭이 일어났다.
④ 고부 농민 봉기가 일어났다.

17

다음 법령이 시행되던 시기의 모습으로 가장 옳은 것은?

> 제1조 회사의 설립은 조선 총독의 허가를 받아야 한다.
> 제2조 조선 밖에서 설립된 회사가 한국에 본점 또는 지점을 설치하고자 하는 경우, 조선 총독의 허가를 받아야 한다.
> 제3조 조선 밖에서 설립되어 조선에서 사업을 운영하는 것을 목적으로 하는 회사가 그 사업을 경영하는 경우, 조선에 본점 또는 지점을 설립하여야 한다.

① 경찰범 처벌 규칙을 공포하는 조선 총독부 직원의 모습
② 신민회 단원을 체포하려는 헌병 경찰의 모습
③ 민립대학 설립 운동 단체에 후원하는 상인의 모습
④ 애국반을 홍보하는 면사무소 직원의 모습

18

(가), (나)의 헌법 개정과 관련된 설명으로 옳은 것만을 < 보기 > 에서 모두 고르면?

구분	개헌 연도	주요 내용
(가)	1952	대통령 직선제 시행, 국회의원 양원제 규정
(나)	1987	직선제를 통한 5년 단임 대통령제 시행, 비상 조치권 및 국회해산권 폐지, 헌법재판소 부활

< 보기 >
ㄱ. (가)는 '발췌 개헌'이라고도 한다.
ㄴ. (가)에서는 헌법 개정 시 국민투표를 실시하였다.
ㄷ. (나)는 6월 민주 항쟁을 계기로 개정하였다.
ㄹ. (나) 개헌은 국가 재건 최고 회의에서 주도하였다.

① ㄱ, ㄴ   ② ㄱ, ㄷ   ③ ㄴ, ㄷ   ④ ㄴ, ㄹ

19

< 보기 > 의 특별담화문을 발표한 대통령의 재임 시기에 있었던 사실로 가장 옳은 것은?

< 보기 >
"광역 및 기초 단체장과 의원을 뽑는 이번 선거를 계기로, 우리나라는 전면적인 지방자치를 실시하게 됩니다. … (중략) … 지방자치는 주민 개개인의 건설적 에너지가 지역 발전으로 수렴이 되고, 나아가서 국가발전으로 이바지하는 데 참뜻이 있습니다."

① 금융실명제를 실시하고, 하나회를 해체하였다.
② 국제 노동기구에 가입하였다.
③ 중학교 무상교육을 전면 실시하였다.
④ 친일반민족행위 진상규명위원회를 조직하였다.

20

< 보기1 > 의 사건이 있었던 시기를 < 보기2 > 의 연표에서 옳게 고른 것은?

< 보기 1 >
원산의 한 석유 회사 노동자들이 일본인 감독의 한국인 노동자 구타에 항의하며 파업에 들어가자, 원산 노동 연합회는 그 회사 화물 운송을 거부하는 등 파업을 지원하였다. 일본인 자본가들의 집단인 원산 상업 회의소는 이 기회에 노동 운동을 파괴하고자 강경하게 대응하였고, 이에 원산 노동 연합회는 총파업으로 맞섰다.

< 보기 2 >

	(가)	(나)	(다)	(라)	
대동단결선언 발표	국민대표회의 소집	신간회 해체	한인애국단 조직	조선의용대 창설	

① (가)   ② (나)   ③ (다)   ④ (라)

8회

01

다음 밑줄 친 왕의 재위 기간에 발생한 일로 가장 옳은 것은?

> 왕이 가량과 함께 관산성을 공격하였다. 각간 우덕과 이찬 탐지 등이 역습하여 싸웠으나 전세가 불리하였다. 신주의 김무력이 주(州)의 군사를 이끌고 나아가 교전을 벌였고, 비장인 삼년산군(충북 보은)의 고간 도도가 재빠르게 공격하여 왕을 죽였다. 이에 여러 군사가 승기를 타면서 크게 이겼는데, 좌평 4명과 군사 2만 9,600명을 죽였고 말은 되돌아 간 것이 없었다.
> -『삼국사기』-

① 불교를 공인하였다.
② 마한을 복속시켰다.
③ 울진 봉평비를 세웠다.
④ 22부의 중앙관청을 두었다.

02

다음의 제도를 시행한 국가에 대한 설명으로 가장 옳은 것은?

> 봄 정월에 영(令)을 내려 무릇 관리로서 뇌물을 받거나 도적질한 자는 그 세 배를 배상하며, 평생토록 금고형(禁錮刑)에 처하라는 명령을 내렸다.
> -『삼국사기』-

① 지방 통치를 위해 욕살과 처려근지를 파견하였다.
② 전국을 5방으로 나누고 그 책임자를 방령이라고 불렀다.
③ 대귀족인 8성 귀족은 금입택에 거주하였고, 전장을 소유하였다.
④ 제5관등 이상의 귀족들이 모여 주요 국사를 처리하였다.

03

다음 (가), (나) 고분 양식에 대한 설명으로 옳은 것은?

> 한강 유역에 있던 초기 한성 시기에 (가)계단식 돌무지무덤을 만들었는데, 서울 석촌동에 일부가 남아 있다. 웅진 시기의 고분은 굴식 돌방무덤 또는 널방을 벽돌로 쌓은 (나)벽돌무덤으로 바뀌었다. 벽돌무덤은 중국 남조의 영향을 받은 것이다. 사비 시기에는 규모는 작지만 세련된 굴식 돌방무덤을 만들었다.

① (가) - 도굴이 어려워 많은 껴묻거리가 발굴되었다.
② (가) - 봉토 주위를 둘레돌로 두르고 12지 신상을 조각하였다.
③ (나) - 벽과 천장에 사신도 등을 그렸다.
④ (나) - 무덤의 천장을 모줄임 구조로 만들었다.

04

밑줄 친 '이들'이 등장한 시기의 문화에 대한 설명으로 옳은 것은?

> 이들은 스스로 성주, 장군이라고 칭하면서 지역에서 실질적인 지배력을 행사하였다. 이들은 지방으로 낙향한 진골 귀족이나 6두품 계층, 무역에 종사하면서 재력과 무력을 키운 세력, 촌의 행정을 담당한 촌주 출신이 주를 이루었다.

① 태학박사 이문진이 왕명을 받아 『신집』 5권을 만들었다.
② 전탑 형식의 분황사탑이 세워졌다.
③ 북방가마의 기술이 도입되어 분청사기가 생산되었다.
④ 도선 등 선종 승려들에 의해 풍수지리설이 전래되었다.

05

통일신라 사회에 대한 설명으로 옳은 것은?

① 전국의 지방 관리들에게는 연수유전답을 지급하였다.
② 신라 전역을 다룬 지리지로 한산기가 편찬되었다.
③ 중앙의 군사 조직은 신라인으로만 충당되었다.
④ 화랑도는 진골 귀족에서 평민까지 포함하는 조직이었다.

07

다음 (가)와 (나) 사이에 실시되었던 토지 제도에 대한 설명으로 옳지 않은 것을 < 보기 > 에서 모두 고른 것은?

(가) 조신(朝臣)이나 군사들의 관계(官階)를 따지지 않고 그 사람의 성품, 행동의 선악(善惡), 공로의 크고 작음을 보고 차등 있게 역분전을 지급하였다.
(나) 문종 30년에 양반 전시과를 다시 개정하였다.

<보기>
ㄱ. 후삼국 통일 전쟁에 공이 있는 사람들에게 지급하였다.
ㄴ. 인품을 반영하여 토지를 지급하였다.
ㄷ. 실직이 없는 산관은 토지 지급대상에서 제외되었다.
ㄹ. 현직 관리에게만 토지가 지급되고, 문·무관의 차별이 거의 사라졌다.

① ㄱ, ㄴ   ② ㄴ, ㄷ   ③ ㄴ, ㄹ   ④ ㄷ, ㄹ

06

시대별 교육제도 정비 내용으로 가장 옳은 것은?

① 고려 숙종 대에 서적포라는 국립출판사를 두어 책을 간행하였다.
② 신라 경덕왕 대에 유교 교육 진흥을 위한 독서삼품과를 실시하였다.
③ 고려 문종은 양현고라는 장학재단을 설치하여 운영하였다.
④ 조선 성종은 성균관을 순수 유교교육 기관으로 개편하였다.

08

조선 전기 과학기술에 대한 설명으로 옳지 않은 것은?

① 세종 대 경복궁에 간의대(簡儀臺)를 축조하고 간의를 설치하여 천문관측을 하였다.
② 세종 대 시헌력을 참조하여 우리나라 실정에 맞는 역법서인 칠정산을 만들었다.
③ 세종 대 장영실 등이 물시계인 자격루(自擊漏)와 해시계인 앙부일구(仰釜日晷) 등을 제작하였다.
④ 태종 대 주자소를 설치하고, 계미자를 주조하였다.

09

< 보기 > 의 사건 이후의 사실로 옳은 것은?

> **<보기>**
> 이여송이 거느린 5만여 명의 명나라 지원군이 조선군과 합하여 평양성을 탈환하였다.

① 왜군이 총공격을 가해오자 이순신 함대는 한산도 앞바다로 적을 유인하여 대파하였다.

② 권율이 행주산성에서 1만여 명의 병력으로 전투를 벌여 3만여 명의 병력으로 공격해 온 일본군을 물리쳤다.

③ 진주에서 목사 김시민이 3,800여 명의 병력으로 2만여 명의 일본군을 맞아 성을 방어하는데 성공했다.

④ 도순변사 신립이 충주 탄금대에서 일본군과 맞서 싸웠으나 패배하였다.

10

< 보기 > 정책이 시행된 왕대에 대한 설명으로 가장 옳은 것은?

> **<보기>**
> 백성들이 육전(육의전(六矣廛)) 이외에는 허가받은 시전 상인들과 같이 장사를 할 수 있도록 하셨다. 채제공이 아뢰기를 "(전략) 마땅히 평시서(平市署)로 하여금 20,30년 사이에 새로 벌인 영세한 가게 이름을 조사해 내어 모조리 없애도록 하고, 형조와 한성부에 분부하여 육전이 아니라면 난전이라 하여 잡혀 오는 자들을 처벌하지 말도록 할 뿐 아니라 잡아 온 자를 처벌하시면, 장사하는 사람들은 서로 매매하는 이익이 있을 것이고 백성들도 가난에 대한 걱정이 없어질 것입니다. 그 원망은 신이 스스로 감당하겠습니다."라고 하니 왕께서 따랐다.

① 병법서인 『무예도보통지』를 편찬하였다.

② 궁궐 수비를 위한 금위영을 설치하였다.

③ 조세제도를 개편하여 영정법을 시행하였다.

④ 재야 산림의 공론을 인정하지 않았다.

11

조선시대의 국학 연구에 대한 설명으로 가장 적절하지 않은 것은?

① 이긍익은 조선 정치와 문화를 야사 중심으로 정리한 『연려실기술』을 저술하였다.

② 『연조귀감』은 역대 서얼의 역사를 정리하였다.

③ 김정희는 「금석과안록」을 지어 북한산비가 진흥왕 순수비임을 밝혔다.

④ 한치윤은 500여 종의 중국 및 일본의 자료를 참고하여 기전체 형식의 「해동역사」를 저술하였다.

12

밑줄 친 왕의 재위 기간에 있었던 사실로 옳은 것은?

> 주전도감에서 왕에게 아뢰기를 "백성들이 화폐를 사용하는 유익함을 이해하고 그것을 편리하게 생각하고 있으니 이 사실을 종묘에 알리십시오."라고 하였다. 이 해에 또 은병을 만들어 화폐로 사용하였는데, 은 한 근으로 우리나라의 지형을 본떠서 만들었고 민간에서는 활구라고 불렀다.

① 주요 지역에 12목을 설치하고 목사를 파견하였다.

② 평양에 기자(箕子) 사당을 세워 국가에서 제사하였다.

③ 지방 호족을 견제하기 위해 사심관과 기인 제도를 도입하였다.

④ 왕권을 강화하기 위해 과거 제도를 시행하고 독자적인 연호를 사용하였다.

13

다음 (가) 국왕에 대한 설명으로 가장 옳은 것은?

> 전하는 말에 의하면, (가)은(는) 나주에 10년간 머무르게 되었는데, 어느 날 진 위쪽 산 아래에 다섯 가지 색의 상서로운 구름이 있어 가보니 샘에서 아리따운 여인이 빨래를 하고 있어 그가 물 한 그릇을 청하자, 여인이 버들잎을 띄워 주었는데, 급히 물을 마시지 않게 하기 위함이었다 한다. 여인의 총명함과 미모에 끌려 그녀를 아내로 맞이하였는데 그 분이 장화 왕후 오씨 부인이고, 그 분의 몸에서 태어난 아들 무(武)가 혜종이 되었다.

① 훈요 10조를 남겼다.
② 과거 제도를 도입하였다.
③ 향리 제도를 마련하였다.
④ 광군을 설치하였다.

14

< 보기 > 에서 서적과 인물에 대한 설명으로 옳은 것을 모두 고른 것은?

> ㄱ. 박은식은 『한국통사』를 지어 고종 즉위로부터 1911년 105인사건 발생까지 47년간의 역사를 시대순으로 서술하였다.
> ㄴ. 장지연은 『조선사회경제사』를 지어 마르크스의 유물사관을 한국사에 적용시키고자 하였다.
> ㄷ. 신채호는 『독사신론』등의 사론을 발표하여 만주와 부여족을 중심에 둔 새로운 역사 체계를 세우기 시작했다.
> ㄹ. 『국어문법』을 지은 주시경은 국문연구소를 창립하였는데, 이것이 뒷날 조선어연구회의 모체가 되었다.

① ㄱ, ㄴ, ㄷ   ② ㄱ, ㄴ, ㄹ
③ ㄱ, ㄷ, ㄹ   ④ ㄴ, ㄷ, ㄹ

15

< 보기 > 의 사건을 시간 순으로 바르게 나열한 것은?

> <보기>
> ㄱ. 진보당 사건으로 진보당이 강제 해산되었다.
> ㄴ. 내각책임제 개헌안이 의결되어 총선거가 실시되었다.
> ㄷ. 이승만 대통령의 하야로 허정 과도정부가 구성되었다.
> ㄹ. 마산 시민들이 3.15 부정선거 규탄 시위를 전개하였다.

① ㄱ-ㄷ-ㄹ-ㄴ   ② ㄱ-ㄹ-ㄷ-ㄴ
③ ㄴ-ㄱ-ㄷ-ㄹ   ④ ㄷ-ㄱ-ㄴ-ㄹ

16

(가) 단체에 속한 인물의 활동으로 옳은 것은?

> (가)의 이봉창은 도쿄에서 일왕이 타고 가는 마차 행렬에 폭탄을 던졌다. 이 의거는 성공을 거두지는 못하였으나 일제에 큰 충격을 주었다.

① 강우규가 남대문에서 사이토 마코토 총독 처단 투탄 의거를 일으켰다.
② 안중근이 하얼빈에서 이토 히로부미를 저격하였다.
③ 장인환이 샌프란시스코에서 외교 고문 스티븐스를 저격하였다.
④ 김구가 3천만 동포에게 읍고함을 발표하였다.

17

(가), (나), (다)에 들어갈 말로 가장 적절한 것은?

> 고종은 연호를 (가) 으로/로 바꾸고 (나)
> 을/를 세워 이곳에서 황제로 즉위하였으며 나라 이
> 름을 (다) 으로/로 선포하고 자주 독립 국가임
> 을 알렸다.

	(가)	(나)	(다)
①	건양	만동묘	대한제국
②	건양	환구단	대한민국
③	광무	만동묘	대한제국
④	광무	환구단	대한제국

18

< 보기 > 의 밑줄 친 '이 사건'에 대한 설명으로 가장 옳지 않은 것은?

> <보기>
> 임오군란 이후부터 청은 우리나라에 자주 내정간
> 섭을 하였다. 나는 청나라 당으로 지목되었고, 청국
> 이 우리의 자주권을 침해하는 데 분노해 이 사건을
> 일으켰던 이는 일본 당으로 지목되었다. 그 후 일이
> 허사로 돌아가자 세상은 그를 역적이라 하였는데,
> 나는 정부에 몸을 담고 있어 그를 공격할 수밖에 없
> 었다. 그러나 그 마음은 결코 다른 나라에 있지 않
> 았고, 애국하는 데 있었다.
> 　　　　　　　　　　　　　　　　-『속음청사』-

① 이 사건 이후 일본 공사관에 일본 경비병이 주둔하
　게 되었다.
② 우정총국의 낙성 축하연을 기회로 정변을 일으켜
　새로운 정부를 수립하였다.
③ 이 사건의 주모자들은 국가 재정을 호조로 일원화
　하고자 하였다.
④ 이 사건 이후 청과 일본은 톈진 조약을 체결해 향
　후 조선으로 군대 파견 시 상대국에게 알리도록 하
　였다.

19

다음 자료가 발표된 민주화 운동 이후의 사실로 옳지 않은 것은?

> 우리는 왜 총을 들 수밖에 없었는가? … (중략) …
> 정부 당국에서는 17일 야간에 계엄령을 확대 선포
> 하고 일부 학생과 민주 인사, 정치인을 도무지 믿을
> 수 없는 구실로 불법 연행하였습니다. … (중략) …
> 계엄 당국은 18일 오후부터 공수 부대를 대량 투입
> 하여 시내 곳곳에서 학생, 젊은이들에게 무차별 살
> 상을 자행하였으니, … (중략) … 협상이 올바른 방
> 향으로 진행되면 즉각 총을 놓겠습니다.

① 7년 단임제 개헌　　② 서울의 봄
③ 3저 호황　　　　　④ 4.13 호헌 조치

20

다음 자료에 해당하는 정책에 대한 설명으로 옳지 않은 것은?

> 제1조 구 백동화 교환에 관한 사무는 금고로 처리
> 　　　하게 하여 탁지부 대신이 이를 감독한다.
> 제2조 교환을 위해 제출한 구 백동화는 모두 화폐
> 　　　감정인이 감정하도록 한다. 화폐 감정인은
> 　　　탁지부 대신이 임명한다.
> 제3조 구 백동화의 품질, 무게, 무늬, 형체가 정식
> 　　　화폐 기준을 충족할 경우, 1개당 금 2전 5리
> 　　　로 새로운 화폐와 교환한다. (중략) 단, 형태
> 　　　나 품질이 조악한 백동화는 매수하지 않는
> 　　　다.

① 한국 상업 자본에 큰 타격을 주었다.
② 재정 고문 메가타의 주도로 시행되었다.
③ 일본으로부터 차관 도입이 강요되는 계기가 되었
　다.
④ 조선 은행이 한국의 중앙은행 지위를 확보하게 되
　었다.

9회

01

우리 역사에서 다음과 같은 독자적 연호를 사용했던 왕대의 사실로 옳지 않은 것은?

ㄱ. 영락	ㄴ. 건원
ㄷ. 대흥, 보력	ㄹ. 광덕, 준풍

① ㄱ - 고구려는 후연을 격파하여 요동 땅을 차지하였다.
② ㄴ - 불교 진흥을 위해 분황사와 영묘사를 창건하였다.
③ ㄷ - 발해는 당과 화친을 맺고 당의 문물을 받아들여 체제를 정비하였다.
④ ㄹ - 빈민 구제를 위해 제위보를 설치하였다.

02

밑줄 친 '대씨의 나라'에 대한 설명으로 옳은 것은?

<보기>
옛날에는 고씨가 북에서 고구려를, 부여씨가 서남에서 백제를, 박·석·김씨가 동남에서 신라를 각각 세웠으니, 이것이 삼국이다. 여기에는 반드시 삼국사가 있어야 할 것인데, 고려가 편찬한 것은 잘한 일이다. 그러나 부여씨와 고씨가 멸망한 다음에 김씨의 신라가 남에 있고, 대씨의 나라가 북에 있으니 이것이 남북국이다. 여기에는 마땅히 남북사가 있어야 할 터인데, 고려가 편찬하지 않은 것은 잘못이다.

① 골품제로써 관료제를 운영하였다.
② 대부분의 거란족을 복속시키는 등 융성하여 해동성국이라 불렸다.
③ 3성 6부제의 중앙 정치 조직을 운영하였다.
④ 사심관과 기인제도로써 호족세력을 견제하였다.

03

<보기>의 (가) ~ (라) 시기에 있었던 사실을 옳게 짝지은 것은?

<보기>				
(가)	(나)	(다)	(라)	
고려 건국	후삼국 통일	노비안검법 실시	초조대장경 제작	별무반 설치

① (가) - 왕건의 나주 점령
② (나) - 12목 설치
③ (다) - 경정 전시과 시행
④ (라) - 주전도감 설치

04

(가), (나)의 밑줄 친 '그'에 대한 설명으로 옳은 것만을 < 보기 > 에서 모두 고른 것은?

(가) 태종대왕(太宗大王)이 즉위하자 당의 사신이 와서 조서를 전하였는데, 그 가운데 해독하기 어려운 부분이 있었다. 왕이 <u>그</u>를 불러 물으니, 그가 왕 앞에서 한번 보고는 설명하고 해석하는데 의심스럽거나 막히는 데가 없었다. 왕이 놀랍고도 기뻐 서로 만남이 늦은 것을 한탄하고 그의 성명을 물으니, 그가 대답하기를 "신은 본래 임나가량(任那加良) 사람이며 이름은 우두(牛頭)입니다."라고 하였다.

(나) 하루는 <u>그</u>가 같이 공부하는 사람 10여 인과 약속하기를, "마땅히 명예와 이익을 버리고 산림에 은둔하여 같은 모임을 맺도록 하자. 항상 선(禪)을 익히고 지혜를 고르는 데 힘쓰고, 예불하고 경전을 읽으며 힘들여 일하는 것에 이르기까지 각자 맡은 바 임무에 따라 경영한다. 인연에 따라 성품을 수양하고 평생을 호방하게 고귀한 이들의 드높은 행동을 좇아 따른다면 어찌 통쾌하지 않겠는가?"라고 하였다.

<보기>
ㄱ.(가) 벼슬이 5관등의 대아찬까지 올랐다.
ㄴ.(가) 문무왕의 동생인 김인문의 석방을 요구하는 글을 작성하였다.
ㄷ.(나) 선종을 중심으로 교종을 포섭하여 선종과 교종의 융합을 추구하였다.
ㄹ.(나) 강진의 백련사를 중심으로 새로운 불교 운동인 결사(結社)를 조직하였다.

① ㄱ, ㄷ　　② ㄱ, ㄹ　　③ ㄴ, ㄷ　　④ ㄴ, ㄹ

05

고려의 중앙 정치제도에 대한 설명으로 가장 옳지 않은 것은?

① 중서문하성과 추밀원의 합좌기구인 식목도감은 국가의 재정회계를 관장하였다.
② 어사대는 정치의 잘못을 논하고 관리의 비리를 감찰하였다.
③ 중추원은 추부라고도 불렸는데 군기를 관장하고 왕명을 출납하는 등 중요한 기능을 담당했다.
④ 대간은 어사대의 관원과 중서문하성의 낭사를 말하며, 간쟁·봉박·서경권을 가지고 있었다.

06

다음 밑줄 친 왕이 재위하던 시기에 대한 설명으로 옳은 것은?

서북면도안무사 최원지가 보고하기를, "요동도사가 지휘 2인을 보내 병사 1,000여 명을 데리고 와서 강계에 이르러 철령위를 설치하려 하고 있으며, 황제가 먼저 본 위(衛)의 진무(鎭撫) 등의 관원을 설치하여, 모두 요동에 이르렀습니다. 요동에서 철령까지 70참을 두고, 참마다 백호를 둔다고 합니다."라고 하였다. 왕이 동강에서 돌아오다가 말 위에서 울면서 이르기를, "여러 신하들이 나의 요동을 공격하려는 계획을 듣지 않아 이에 이르렀다."라고 하였다.

① 최충의 문헌공도를 비롯한 사학 12도가 융성하였다.
② 독창적 기법인 상감법이 개발되어 상감청자가 유행하였다.
③ 친원파였던 이인임 일파를 숙청하였다.
④ 우리나라 최초의 금속활자본인 상정고금예문이 인쇄되었다.

07

고려시대에 편찬된 역사서에 대한 설명이다. 편찬된 순으로 바르게 나열한 것은?

> ㄱ. 삼국의 역사를 유교적 합리주의 사관에 기초하여 기전체로 서술하였다.
> ㄴ. 우리 고유의 문화와 전통을 중시하고 단군의 건국 이야기를 수록하였다.
> ㄷ. 성리학적 유교 사관에 따라 정통과 대의명분을 강조하였다.
> ㄹ. 삼국에서 고려까지 고승들의 전기를 정리하여 편찬하였다.

① ㄱ→ㄴ→ㄹ→ㄷ ② ㄱ→ㄹ→ㄴ→ㄷ
③ ㄷ→ㄴ→ㄱ→ㄹ ④ ㄹ→ㄱ→ㄷ→ㄴ

08

다음은 조선후기 경제활동을 하는 사람들의 모습이다. (가)~(라)에 대한 설명으로 적절하지 않은 것은?

> (가) 은진 강경장에서 상평통보를 가지고 거래하는 보부상
> (나) 일본 상인과 동래에서 거래하는 상인
> (다) 포구를 거점으로 선상들이 가져온 물건을 매매하는 객주
> (라) 철점(대장간)에서 제품을 생산하고 판매하는 민간 수공업자

① (가) : 15세기 말부터 나타나는 장시는 지방민의 교역장소로 보통 5일마다 열렸는데, 18세기 중엽에는 전국에 1000여 개소가 개설되었다.

② (나) : 왜관 개시·후시를 통해 내상이 주도하여 대일무역이 이루어졌으며, 은·구리·황 등을 수입하였다.

③ (다) : 조선 후기에 포구가 새로운 상업 중심지로 떠올랐으나 장시보다 규모가 크지 않았다.

④ (라) : 민간 수공업자는 대체로 상업자본의 지배를 받았지만, 18세기 후반에 이르면서 독자적 생산과 이를 직접 판매하는 수공업자들이 나타났다.

09

⊙, ⓒ에 들어갈 붕당에 대한 설명으로 가장 옳지 않은 것은?

김효원이 알성 과거에 장원으로 합격하여 이조 전 랑의 물망에 올랐으나, 그가 윤원형의 문객이었다 하여 심의겸이 반대하였다. 그 후에 심의겸의 동생 심충겸이 장원 급제하여 전랑으로 천거되었으나, 외척이라 하여 김효원이 반대하였다. 이 때 이들을 지지하는 세력이 서로 상대방을 배척하여 붕당이 형성되었다. 심의겸을 지지하는 기성 사림을 중심 으로 (⊙)이 형성되고, 김효원을 지지하는 신 진 사림을 중심으로 (ⓒ)이 형성되었다.

① ⊙은 이황 · 조식 · 서경덕의 문인이 가담하였다.
② ⓒ은 정여립 모반 사건을 계기로 분열하였다.
③ ⊙은 경신환국으로 노론과 소론이 분화하였다.
④ 율곡 이이는 ⊙과 ⓒ 모두를 비판하며 타협안을 제 시하였다.

10

다음의 집필한 인물에 대한 설명으로 옳은 것을 모두 고른 것은?

물론 단군께서 제일 먼저 나시기는 하였으나 문헌 으로 상고할 수 없다. 삼가 생각하건대 기자께서 우 리 조선에 들어와서 그 백성을 후하게 양육하고 힘 써 가르쳐 주어 머리를 들어 얹는 오랑캐의 풍속을 변화시켜, 문화가 융성하였던 제나라와 노나라 같 은 나라로 만들어 주셨다.

< 보기 >
⊙ 왕의 수신 교과서인 『성학십도』를 편찬했다.
ⓒ 일본 주자학의 발달에 큰 영향을 끼쳤다.
ⓒ 아동들의 수신서인 『격몽요결』을 편찬했다.
ⓔ 왕도 정치의 이상을 문답형식으로 정리한 『동호 문답』을 저술하였다.

① ⊙, ⓒ   ② ⊙, ⓒ   ③ ⓒ, ⓔ   ④ ⓒ, ⓔ

11

다음은 군사제도의 변화 과정에 대한 서술이다. 시기 순으로 올바르게 배열한 것은?

ㄱ. 부국강병을 목표로 개화 정책을 추진하는 과정 에서 별기군을 창설하였다.
ㄴ. 정규군 외에 일종의 예비군인 잡색군을 두었다.
ㄷ. 수도 방어와 왕을 호위하기 위해 어영청을 설치 하였다.
ㄹ. 장기간 근무를 하고 일정한 급료를 받는 상비군 으로 삼수병이 편성되었다.

① ㄴ-ㄹ-ㄷ-ㄱ   ② ㄴ-ㄷ-ㄱ-ㄹ
③ ㄷ-ㄹ-ㄱ-ㄴ   ④ ㄹ-ㄴ-ㄷ-ㄱ

12

고려의 신분층에 대한 설명으로 옳지 않은 것은?
① 남반은 궁중의 잡일을 맡는 내료직(內僚職)이다.
② 하급 장교들은 중류층에 속하였다.
③ 향 · 부곡 · 소의 거주민들은 법제적으로 양인이므 로 과거시험에 응시할 수 있었다.
④ 외거노비는 개인적으로 토지와 가옥을 소유할 수 있었다.

13

고려시대의 문화에 대한 설명으로 가장 적절하지 않은 것은?

① 고려 후기에 『역옹패설』, 『백운소설』 등 패관문학이 저술되었다.
② 관촉사의 석조 미륵보살 입상은 부석사 소조 아미타여래 좌상과는 달리, 신라 시대 양식을 계승한 것이다.
③ 왜구의 침입 때 약탈당한 양류관음도는 현재 일본이 소장하고 있다.
④ 봉정사 극락전은 현존하는 가장 오래된 목조 건축물이다.

14

다음 주장을 한 인물에 대한 설명으로 옳은 것은?

우리 조선의 역사적 발전의 전 과정은 가령 지리적 조건, 인종학적 골상, 문화 형태의 외형적 특징 등 다소의 차이는 인정되더라도, 다른 문화 민족의 역사적 발전 법칙과 구별되어야 하는 독자적인 것이 아니다. 세계사적인 일원론적 역사 법칙에 의해 다른 민족과 거의 같은 궤도로 발전 과정을 거쳐왔다.

① 조선심을 강조하고, 『대미관계 50년사』를 저술하였다.
② 민족주의 사학을 계승하여 조선의 얼을 강조하였다.
③ 마르크스 유물 사관을 바탕으로 한국사를 연구하였다.
④ 우리나라 상고사를 연구하여 『조선상고사감』을 저술하였다.

15

다음 사건 이후 일어난 사실로 가장 적절한 것은?

대통령 직선제를 포함한 발췌 개헌안이 국회에서 통과되었다.

① 국군과 유엔군이 인천 상륙 작전을 감행하였다.
② 장진호 전투에서 중공군에 밀린 국군과 미군이 흥남에서 대규모 철수 작전을 개시하였다.
③ 이승만 정부가 북한 송환을 거부하는 반공 포로를 석방하였다.
④ 미국이 한반도를 미국의 태평양 지역 방위선에서 제외한다는 애치슨 선언을 발표하였다.

16

다음 조약이 체결된 해에 일어난 사건으로 옳지 않은 것을 <보기>에서 모두 고른 것은?

제3국의 침해나 내란으로 인하여 대한제국 황실의 안녕과 영토 보전에 위험이 있을 경우 대일본제국 정부는 신속하게 상황에 따라 필요한 조치를 취할 수 있다. 그리고 대한제국 정부는 이러한 대일본제국의 행동이 용이하도록 충분한 편의를 제공한다. 대일본제국 정부는 앞 조관의 목적을 성취하기 위하여 군사 전략상 필요한 지점을 상황에 따라 수용할 수 있다.

<보기>
ㄱ. 일본이 제물포에 있는 러시아 군함을 공격하며 러일 전쟁을 일으켰다.
ㄴ. 일본이 불법으로 독도를 자국 영토로 편입하였다.
ㄷ. 일본이 외교 고문으로 스티븐스를 파견하였다.
ㄹ. 일본이 헤이그특사 파견을 빌미삼아 고종을 강제 퇴위시켰다.

① ㄱ, ㄴ　　② ㄱ, ㄹ　　③ ㄴ, ㄷ　　④ ㄴ, ㄹ

17

(가)와 (나) 사이의 시기에 있었던 사실로 옳은 것은?

> (가) 함경도의 방곡령에 불복하여 일본 상인이 손해 배상을 요구하였다.
> (나) 러시아가 압록강 유역의 산림 채벌권을 획득하였다.

① 개항장에서 일본 화폐가 통용되었다.
② 간행이정이 10리에서 50리로 확장되었다.
③ 황국 중앙 총상회가 조직되어 상권 수호 운동을 전개하였다.
④ 영국이 거문도를 불법으로 점령하였다.

18

다음과 관련 있는 단체의 활동으로 가장 옳은 것을 < 보기 > 에서 모두 고른 것은?

> 민중은 우리 혁명의 대본영이다. 폭력은 우리 혁명의 유일 무기다. 우리는 민중 속에 가서 민중과 손잡고 끊임없는 폭력, 암살, 파괴, 폭동으로써 강도 일제의 통치를 타도하고, 우리 생활에 불합리한 일체의 제도를 개조하여 인류가 인류를 압박하지 않으며 사회가 사회를 수탈하지 않는 이상적 조선을 건설할지니라.

<보기>
ㄱ. 한국광복운동단체 연합회를 결성하였다.
ㄴ. 동양 척식 주식회사, 조선 총독부 등에 폭탄을 투척하였다.
ㄷ. 조선 물산을 사용하여 민족 기업을 육성하고자 하였다.
ㄹ. 중국 황포 군관학교에 단원들이 입학하였다.

① ㄱ, ㄴ   ② ㄱ, ㄹ   ③ ㄴ, ㄷ   ④ ㄴ, ㄹ

19

< 보기 1 > 의 (가) 군사 조직이 활약한 전투로 옳은 것을 < 보기 2 > 에서 모두 고른 것은?

<보기 1>
• 창설 연도 : 1929년
• 조직 변천 : 국민부 산하 정규군으로 편성된 후 여러 부대를 통합하여 재편

<보기 2>
ㄱ. 쌍성보 전투   ㄴ. 보천보 전투
ㄷ. 영릉가 전투   ㄹ. 흥경성 전투

① ㄱ, ㄴ   ② ㄱ, ㄷ
③ ㄴ, ㄹ   ④ ㄷ, ㄹ

20

다음 연설을 한 정부의 통일 노력으로 옳은 것은?

> 의장, 사무총장, 그리고 존경하는 각국 대표 여러분. 나는 3년 전 바로 이 자리에서 온 세계의 젊은 이들이 인종과 종교, 이념과 체제의 벽을 넘어 화합의 한마당을 이룬 서울 올림픽의 신선한 감명을 전했습니다. … (중략) … 이제 남북한의 유엔 가입으로 한반도는 평화공존의 시대를 맞았습니다. 남북한은 이를 바탕으로 평화를 정착시키고 통일을 앞당기는 적극적인 관계를 이루어 나가야 합니다.

① 7·7 특별 선언을 발표하였다.
② 7·4 남북 공동 성명을 발표하였다.
③ 6·15 남북 공동 선언을 발표하였다.
④ 제2차 남북 정상 회담을 개최하였다.

10회

01

각 나라별 생활과 풍속에 대한 설명으로 옳지 않은 것은?

① 고조선 - 남에게 상처를 입힌 자는 곡식으로 갚게 하였다.
② 동예 - 다른 부족의 영역을 침범하면 노비와 소, 말로 변상하게 하였다.
③ 고구려 - 길흉을 점치기 위해 소를 죽였고, 매년 10월에 제천행사를 열었다.
④ 옥저 - 신부 집 뒤에 집을 짓고 살다가 자식을 낳아 장성하면 돈을 지불하고, 아내를 데리고 돌아가는 제도가 있었다.

02

(가)와 (나) 사이에 있었던 역사적 사실을 < 보기 >에서 고른 것은?

(가) 백제 동성왕은 신라 이벌찬 비지의 딸과 혼인한 후 병사 3천 명을 보내 신라군을 도와 고구려 병사의 포위를 풀게 하였다.   -『삼국사기』-
(나) 6월에 수양제가 요동성 남쪽에서 공격하였으나 항복하지 않고 계속 항전을 하였다. 수양제는 부하 장수들에게 30만 5천의 병력으로 성을 우회하여 압록강으로 진격케 하였다.
-『삼국사기』-

<보기>
ㄱ. 한성이 고구려의 공격을 받아 함락되고 왕이 처형되었다.
ㄴ. 양나라에 사신을 보내 여러 차례 고구려를 격파했다는 서신을 전했다.
ㄷ. 고구려는 안시성싸움에서 민·군이 협력하여 당군을 물리쳤다.
ㄹ. 왕이 직접 말갈 병사를 거느리고 요서 지방을 공격하였다.

① ㄱ, ㄴ   ② ㄴ, ㄷ   ③ ㄴ, ㄹ   ④ ㄷ, ㄹ

03

< 보기 > 의 정책이 실시된 왕대에 대한 설명으로 가장 옳은 것은?

<보기>
3월에 서울과 지방의 관리에게 지급하던 월봉을 없애고 다시 녹읍을 지급하였다.   -『삼국사기』-

① 독서삼품과를 실시하였다.
② 사후에 무열왕 직계가 단절되었다.
③ 김대성의 발원으로 불국사와 석굴암이 건립되었다.
④ 국학에 공자와 10철 등의 화상을 안치하여 유교 교육을 강화하였다.

04

< 보기 > 에서 발해 문화가 고구려를 계승하였음을 보여주는 문화유산을 모두 고른 것은?

<보기>
ㄱ. 온돌장치
ㄴ. 벽돌무덤
ㄷ. 굴식돌방무덤의 천장 구조
ㄹ. 주작대로

① ㄱ, ㄴ   ② ㄱ, ㄷ   ③ ㄴ, ㄹ   ④ ㄷ, ㄹ

05

다음 밑줄 친 왕과 관련된 설명으로 옳은 것은?

> "왕이 쌍기를 등용한 것을 옛 글대로 현인을 발탁함에 제 한을 두지 않은 것이라 평가할 수 있을까. 쌍기가 인품이 있었다면 왕이 참소를 믿어 형벌을 남발하는 것을 왜 막지 못했는가. 과거를 설치하여 선비를 뽑은 일은 왕이 본래 문(文)을 써서 풍속을 변화시킬 뜻이 있는 것을 쌍기가 받들어 이루었으니 도움이 없다고는 할 수 없다."

① 2성 6부제를 중심으로 하는 중앙 관제를 마련하였다.
② 국정을 총괄하는 정치 기구인 교정도감을 설치하였다.
③ 정계, 계백료서 등을 지어 관리가 지켜야할 규범을 제시하였다.
④ 균여를 귀법사 주지로 삼아 왕권을 뒷받침하였다.

06

< 보기 >의 밑줄 친 왕이 재위하던 기간에 있었던 사실로 가장 옳은 것은?

> <보기>
> 개경으로 돌아온 강조(康兆)는 김치양 일파를 제거함과 동시에 국왕마저 폐한 후 살해하였다. 이 같은 소용돌이 속에서 대량원군이 임금으로 즉위하였다.

① 관품만을 기준으로 토지를 지급하는 개정 전시과를 시행하였다.
② 거란의 침입에 대비하기 위하여 광군 30만을 조직했다.
③ 북쪽 국경 일대에 천리장성을 축조하였다.
④ 연등회와 팔관회를 부활시켰다.

07

다음 글을 쓴 사람에 대한 설명으로 옳은 것은?

> 신은 아룁니다. 고대의 열국에서도 각기 사관(史官)을 두어 사실을 기록한 일이 있습니다. 우리 해동의 삼국에 있어서도 역년(歷年)이 오래되어 마땅히 그 사실을 서책에 기록하여야 할 것이므로 늙은 저에게 명하여 이것을 편찬케 하셨는데, 스스로 돌아보건대 부족함이 많아 어찌할 바를 몰랐습니다.

① 직접 관군을 이끌고 나아가 묘청이 일으킨 반란을 진압하였다.
② 삼국의 민간 설화나 전래 기록을 많이 수록하여 우리 고유의 문화와 전통을 중시하였다.
③ 당시 대표적인 성리학자이자 개경 중심의 문벌귀족 세력의 대표였다.
④ 단군 조선을 우리 역사의 시작으로 보았다.

08

다음 논쟁이 있었던 시기에 대한 설명으로 가장 적절하지 않은 것은?

재상 박유가 아뢰기를 "청컨대 여러 신하, 관료로 하여금 여러 처를 두게 하되, 품위에 따라 그 수를 점차 줄이도록 하여 보통사람에 이르러서는 1처 1첩을 둘 수 있도록 하며, 여러 처에서 낳은 아들도 역시 본처가 낳은 아들처럼 벼슬을 할 수 있게 하기를 원합니다."라고 하였다. 연등회 날 저녁 박유가 왕의 행차를 호위하여 따라갔는데, 어떤 노파가 그를 손가락질하면서 "첩을 두고자 요청한 자가 저 늙은이다."라고 하였다. 듣는 사람들이 서로 전하여 서로 가리키니 무서워하는 자들이 있었기 때문에 그 건의를 정지하고, 결국 시행하지 못하였다.

① 관제 격하의 일환으로 중서문하성과 상서성이 첨의부로 통합되었다.
② 북방 가마의 기술이 도입되어 분청사기가 생산되었다.
③ 권문세족은 사패전을 이용하여 형성한 대농장을 경제적 기반으로 삼았다.
④ 삼별초가 배중손의 지휘로 몽골과의 항쟁을 계속하였다.

09

< 보기 > 의 내용 중 옳은 것을 모두 고른 것은?

<보기>
ㄱ. 정선의 『인왕제색도』는 중국의 화풍을 배격하고 우리 고유의 자연과 풍속을 있는 그대로 묘사하였다.
ㄴ. 국어에 대한 연구도 활발하여 신경준의 『고금석림』과 유희의 『언문지』가 나왔다.
ㄷ. 박세당의 『색경』은 과수, 축산, 기후 등에 중점을 둔 최초의 실학 농서이다.
ㄹ. 이중환의 『택리지』는 각 지역의 경제생활까지 포함하여 집필되었다.
ㅁ. 18세기에 부농·상인들의 지원을 받아 강한 장식성을 가진 법주사 팔상전이 건축되었다.

① ㄱ, ㄴ   ② ㄴ, ㅁ   ③ ㄷ, ㄹ   ④ ㄹ, ㅁ

10

< 보기 > 의 글을 주장한 인물에 대한 설명으로 옳은 것은?

<보기>
우리나라는 실로 신종 황제의 은혜를 입어 임진왜란 때 나라가 폐허가 되었다가 다시 존재하게 되었고 백성은 거의 죽었다가 다시 소생하였으니, 우리나라의 나무 한 그루와 풀 한 포기와 백성의 터럭 하나하나에도 황제의 은혜가 미치지 않은 것이 없습니다. 그런즉 오늘날 크게 원통해 하는 것이 온 천하에 그 누가 우리와 같겠습니까? … (중략) … 비록 창을 들고 죄를 문책하며 중원을 쓸어 말끔히 우리 신종 황제의 망극한 은혜는 갚지 못하더라도, 혹 관문(關門)을 닫고 약속을 끊으며 이름을 바르게 하고 이치를 밝혀 우리 의리의 원만함은 지킬 수 있을 것입니다.

① 기사환국으로 사사되었다.
② 유교경전에 대한 독자적인 해석을 시도하였다.
③ 소격서 폐지를 주장하였다.
④ 내수사의 장리 폐지를 주장하였다.

11

다음과 같은 특징을 가진 교육기관에 대한 설명으로 옳은 것은?

> • 성현에 대한 제사와 유생의 교육, 지방민의 교화를 위해 설치하였다.
> • 규모와 지역에 따라 중앙에서 교수 또는 훈도를 파견하였다.

① 최고 학부 구실을 하였고 입학자격은 생원, 진사를 원칙으로 하였다.
② 동학·서학·남학·중학 네 개의 교육 기관으로 한양에 설립되었다.
③ 봄·가을로 향음주례를 지냈으며 국자학, 태학, 사문학 같은 유학부가 있었다.
④ 중등 교육 기관으로 부·목·군·현에 각각 하나씩 설립되었다.

12

고대 경제에 대한 설명으로 옳지 않은 것은?

① 소지 마립간 때 도시에 시장이 개설되었다.
② 식읍은 왕족과 공신에게 지급되었다.
③ 촌주는 민정 문서 작성을 위해 인구, 가호, 노비 및 소와 말의 증감 등을 매년 조사해두었다.
④ 통일신라는 주변 지역과의 교류 활성화를 위해 5도를 설치하였다.

13

조선 시대 신분제에 대한 설명으로 가장 옳지 않은 것은?

① 중앙 관직에 진출할 수 있던 고려 시대의 향리와 달리 조선의 향리는 수령을 보좌하는 아전으로 격하되었다.
② 유교의 적서 구분에 의해 서얼에 대한 차별이 심했기 때문에, 서얼은 문과 응시가 금지되었다.
③ 조운 업무를 담당하는 조졸은 천민에 속하였다.
④ 순조는 공노비 중 일부를 양인으로 해방시켜 주었다.

14

다음과 같이 주장을 한 인물에 대한 설명으로 옳은 것은?

> • 소수의 독립군으로 강대한 일본군을 물리치는 것은 역부족이다. 독립을 위해서는 일본과의 군사적 대결보다는 외교 활동을 통해 일본에 압력을 가할 수 있는 강대국에 도움을 호소해야 한다.
> • 이제 우리는 무기휴회된 공위가 재개될 기색도 보이지 않으며 통일정부를 고대하나 여의치 않으니 우리는 남방만이라도 임시 정부 혹은 위원회 같은 것을 조직하여 38도선 이북에서 소련을 철퇴하도록 세계 공론에 호소하여야 될 것이니 여러분도 결심하여야 될 것이다.

① 임시정부 산하 한국 독립당을 창당하였다.
② 조선 인민 공화국의 주석직의 취임을 거부하였다.
③ 샌프란시스코에서 흥사단을 발족시켰다.
④ 민족 자주 연맹을 창당하였다.

15

다음 성명을 발표한 정권이 시행한 정책으로 옳지 않은 것은?

> 첫째, 반공을 국시의 제1의(義)로 삼고 지금까지 형식적이고 구호에만 그친 반공체제를 재정비 강화한다.
> 둘째, '유엔' 헌장을 준수하고 국제협약을 충실히 이행할 것이며 미국을 위시한 자유우방과의 유대를 더욱 공고히 한다.
> …
> 다섯째, 민족의 숙원인 국토통일을 위하여 공산주의와 대결할 수 있는 실력 배양에 전력을 집중한다.

① 경제개발 5개년계획을 추진했다.
② 대통령이 긴급조치권을 발동하였다.
③ 정부 주도 농어촌 근대화 운동인 새마을 운동을 주도했다.
④ 국가보위비상대책위원회를 설치하고 언론매체를 통폐합했다.

16

다음 밑줄 친 '의병'에 대한 설명으로 옳은 것은?

> 격문을 띄워 팔도의 여러 고을에 고하노라. … 우리 국모의 원수를 생각하며 이미 이를 갈았는데, 참혹한 일이 더하여 우리 부모에게서 받은 머리털을 풀 베듯이 베어 버리니 이 무슨 변고란 말인가. 이에 감히 의병을 일으키고 마침내 이 뜻을 세상에 포고하노니, 위로는 공경에서 아래로는 서민에까지 어느 누가 애통하고 절박하지 않으랴.

① 위정 척사론을 계승한 유생들이 주도하였다.
② 진위대의 해산 군인과 합세하여 전력을 강화하였다.
③ 각국 영사관에 통문을 보내는 등 외교 활동을 벌였다.
④ 헐버트 특사 파견에 자극을 받아 봉기하였다.

17

다음 글을 한국인 아동들이 암송하던 시기에 볼 수 있는 모습으로 옳은 것은?

> 1. 우리는 대일본 제국의 신민입니다.
> 2. 우리는 마음을 합하여 천황 폐하에게 충의를 다합니다.
> 3. 우리는 괴로움을 참고 몸과 마음을 단련하여 훌륭하고 강한 국민이 되겠습니다.

① 소련이 한국 독립군의 무장을 해제시켰다.
② 민족 혁명당이 난징에서 조직되었다.
③ 암태도에서 소작쟁의가 일어났다.
④ 조선일보, 동아일보가 폐간되었다.

18

다음 자료에 나타난 민족 운동이 전개된 시기에 있었던 사실로 옳은 것은?

> 민중의 보편적인 지식은 보통 교육으로 가능하지만, 심오한 지식과 학문적 이치는 고등 교육이 아니면 불가하며 … (중략) … 오늘날 우리 조선인도 세계 문화 민족의 일원으로 남과 어깨를 나란히 하고 우리의 생존을 유지하며 문화의 창조와 향상을 기도하려면, 대학의 설립이 아니고는 다른 방도가 없도다.

① 조선인이 발행한 신문을 검열하였다.
② 공출제를 실시하여 미곡을 강제로 거두었다.
③ 조선 태형령을 제정하여 조선인을 탄압하였다.
④ 노동력 동원을 위해 국민 징용령을 시행하였다.

19

(가), (나)가 발표된 사이의 시기에 있었던 사실로 옳은 것을 < 보기 > 에서 모두 고른 것은?

(가) 일본 오랑캐가 분란을 야기하고 군대를 출동하여 우리 임금님을 핍박하고 우리 백성들을 뒤흔들어 놓았으니 어찌 차마 말할 수 있겠습니까. ······ 지금 조정의 대신들은 망령되이 자신의 몸만 보전하고자 위로는 임금님을 협박하고 아래로는 백성들을 속이며 일본 오랑캐와 내통하여 삼남 백성들의 원망을 샀습니다.

(나) 백정 박성춘이 말하였다. "이 사람은 바로 대한에서 가장 천한 사람이고 매우 무식합니다. 그러나 임금께 충성하고 나라를 사랑하는 뜻은 대강 알고 있습니다. … 삼가 원하건대, 관리와 백성이 마음을 합하여 우리 대황제의 훌륭한 덕에 보답하고 국운이 영원토록 무궁하게 합시다." 회중이 박수를 보냈다.

<보기>
ㄱ. 조선 정부가 개혁 기구인 교정청을 설치하였다.
ㄴ. 서재필이 정부의 지원을 받아 독립신문을 창간하였다.
ㄷ. 지방 행정구역이 23부에서 13도로 개편되었다.
ㄹ. 청과 조선이 한청 통상 조약을 체결하였다.

① ㄱ, ㄴ   ② ㄱ, ㄹ
③ ㄴ, ㄷ   ④ ㄷ, ㄹ

20

(가)와 (나) 시기에 있었던 사실로 옳지 않은 것은?

	(가)	(나)	
↑ 중일전쟁 발발	↑ 진주만 기습	↑ 조국의 광복	

① (가) - 국가총동원법 제정
② (가) - 조선혁명간부학교 설립
③ (나) - 조선어학회 사건
④ (나) - 조선건국동맹 조직

라영환 한국사
FINAL 작두 모의고사

해설편

FINAL 작두 모의고사 해설

1회

01	①	02	①	03	③	04	①
05	③	06	④	07	①	08	②
09	④	10	③	11	③	12	③
13	④	14	④	15	②	16	④
17	①	18	①	19	①	20	①

01
답 ①

📝 **출제영역** `4세기 후반 ~ 6세기 중반의 역사적 사실`

고구려에 태학이 설립된 시기는 4세기 후반인 소수림왕 때이다. 신라에서 거칠부가 역사서 『국사』를 편찬한 시기는 6세기 중반인 진흥왕 때이다.

① 598년 고구려 영양왕은 수의 침략을 막기 위해 말갈병 1만 명을 동원하여 요서 지역의 임유관을 선제 공격하였다. 598년, 신라는 진흥왕의 장손인 진평왕이 재위하던 시기였다.

📙 **오답풀이**

② 532년 신라 법흥왕은 낙동강 유역의 금관가야를 병합하였다. 금관가야가 전기 가야 연맹의 주도권을 상실하자, 대가야가 후기 가야 연맹의 주도권을 가져갔다.

③ 신라에서 건원이라는 독자적인 연호를 사용하여 신라가 중국과 대등한 국가임을 강조한 왕은 6세기 전반의 법흥왕이다.

④ 384년 침류왕은 동진의 마라난타로부터 불교를 수용하여, 사상을 통일하고 국왕 중심의 중앙 집권 체제의 사상적 뒷받침을 마련하였다.

02
답 ①

📝 **출제영역** `우리나라의 고분과 불상`

백제의 대표적인 석탑인 미륵사지 석탑은 목탑 양식을 계승하였으며, 현존하는 삼국 시대 석탑 중 가장 규모가 큰 석탑이다. 신라의 경주 분황사탑은 석재를 벽돌 모양으로 만들어 축조하는 모전 석탑이며, 신라 석탑 가운데 가장 오래된 석탑이다.

① 백제의 미륵사지 석탑은 목탑 양식을 계승하였고, 신라의 분황사탑은 전탑의 모습을 가지고 있다.

📙 **오답풀이**

② 백제의 벽돌무덤 중 대표적인 공주 송산리 6호분에서 사신도와 일월도 벽화가 발견된 것으로 보아, 벽돌무덤에도 벽화를 그려 넣었음을 알 수 있다.

③ 다각다층탑이 많았고, 탑의 몸체를 받치는 받침이 보편화되었던 시대는 고려이다.

④ 철로 만든 불상이 유행했던 시대는 고려이다.

03
답 ③

📝 **출제영역** `문무왕의 업적`

제시문의 왕은 신라의 문무왕이다. 무열왕의 뒤를 이어 즉위한 문무왕은 668년 당과 연합하여 고구려를 멸망시켰다. 그러나 당이 고구려의 수도 평양에 안동도호부를 설치하여 한반도에 대한 지배 욕심을 드러내자 문무왕은 당과의 전쟁에 돌입하였다. 매소성 전투와 기벌포 전투에서 승리하여 당군을 축출한 문무왕은 676년 삼국통일을 완성하였다.

③ 670년 신라 문무왕은 당을 견제하고자 신라에 투항한 안승을 고구려왕으로 봉하고, 고구려 유민을 금마저(익산)에 머물게 하였다. 674년 문무왕은 금마저에 보덕국을 설치하고 안승을 보덕국왕으로 봉하였다. 안승을 중심으로 한 고구려부흥군은 신라와 연합하여 나·당 전쟁에 참전하였고, 통일 후 신라의 9서당 군제에 편성되었다.

📙 **오답풀이**

① 건원이라는 독자적인 연호를 사용한 왕은 신라의 법흥왕이다.

② 당과 연합하여 백제를 멸망시킨 왕은 신라의 무열왕이다.

④ 12목에 지방관을 파견한 왕은 고려의 성종이다. 최승로의 건의를 받아들인 성종은 지방에 12목을 설치하고 절도사를 파견하여 지방 통치 제도를 정비하였다.

04
답 ①

📝 출제영역
발해의 역사적 사실

ㄱ. 동경용원부에서 상경용천부로 수도를 천도한 왕은 8세기 성왕이다.

📖 오답풀이

ㄴ. 최치원의 「사불허북국거상표」에 의하면, 발해 대조영은 건국 직후 신라에 사신을 보내었고, 신라왕은 대조영을 제5품 대아찬으로 삼았다고 기록되어 있다.

ㄷ. 발해가 고구려를 계승한 국가였다는 대표적인 증거로, 상경성에서 출토된 온돌 유적이 있다.

ㄹ. 발해 경제는 지리적 특성으로 인해 목축과 수렵이 활발하였고, 농업은 밭농사 중심이었지만 일부 지역에서는 벼농사도 지었다.

05
답 ③

📝 출제영역
고려시대의 사회상

고려시대 가정 내에서 여성의 지위는 남성과 거의 대등하였다. 때문에 부모의 재산도 성차별 없이 자녀 균등 상속으로 골고루 분배되었으며, 아들이 없을 경우 양자를 들이지 않고 딸이 부모의 제사를 지냈다. 또한 여성의 재가도 비교적 자유롭게 이루어졌으며, 남편이 사망할 경우 아내도 호주가 될 수 있었다. 호적에서도 남녀 간의 차별을 두지 않고 연령순으로 기록하였다.

③ 여성은 재혼이 비교적 자유로웠으며, 호주도 될 수 있었다.

📖 오답풀이

① 고려 현종 때 주현공거법을 시행하여 향리층의 자제들에 대한 과거 응시 기회가 부여되자, 향리의 자제들은 과거를 통해 중앙으로 진출하여 관직을 얻을 수 있었다.

② 향도는 고려 초기에는 매향 활동을 하던 불교의 신앙 조직이었으나, 후기에 이르러서는 마을 노역, 혼례와 상장례, 마을 제사 등 마을 공동체 생활을 주도하는 농민 조직으로 발전하였다.

④ 솔서혼, 서류부가혼 등 처가살이하는 경우도 많았으며, 사위가 처가의 호적에 입적하는 경우도 자주 있었다.

06
답 ④

📝 출제영역
지눌의 사상

제시문은 보조국사 지눌이 개창한 수선사(정혜결사)의 『권수정혜결사문』이다. 지눌은 불교계 개혁을 위해 정혜결사를 결성하였고, 근거지를 순천 송광사로 옮기면서 수선사 결사로 제창하였다. 독경과 선을 수행하고, 노동에 고루 힘쓰자는 개혁 운동을 전개하였다. 정혜쌍수와 돈오점수를 주장하여 선종 중심으로 교종을 통합하는 선교일치 사상을 완성하였다.

④ 지눌은 선종을 중심으로 교종을 포용하는 선교일치사상을 완성하였다.

📖 오답풀이

① 당시 백성들의 신앙적 욕구를 수용하여 자신의 행동을 진정으로 참회하는 법화사상에 중점을 두었던 인물은 요세이다.

② 선과 교학은 근본이 둘이 아니라는 사상은 돈오점수가 아닌 정혜쌍수이다. 돈오점수는 마음이 곧 부처임을 단번에 깨우치되 깨달은 뒤에도 점진적으로 계속 수행해야 온전한 경지에 이를 수 있다는 주장이다.

③ 이론의 연마와 실천을 함께 강조하는 교관겸수를 제창한 인물은 의천이다.

07
답 ①

📝 출제영역
고려 고종 재위 시기의 사실

제시문의 왕은 이연년 형제의 난(백적의 난)이 일어났던 고종(1213~1259)이다.

① 망이·망소이의 난은 1176년(명종 6), 만적의 난은 1198년(신종 1)에 일어났다.

📖 오답풀이

② 1216년(고종 3), 요세는 강진 만덕사에서 백련 결사를 조직하고 1236년(고종 23) 백련결사문을 발표하였다.

③ 1215년(고종 2), 승려 각훈은 왕명에 따라 승려들의 전기를 정리한 『해동고승전』을 편찬하였다.

④ 1232년(고종 19), 김윤후와 처인 부곡민들이 처인성 전투에서 몽골 장수 살리타 군대를 물리쳤다.

08

답 ②

📝 출제영역
권문세족의 성장

고려 후기의 지배층인 권문세족은 문벌 귀족, 무신, 친원 세력(부원 세력)들을 포함하고 있었다. 권문세족은 사패전을 이용하여 대농장 소유를 가속화하였다. 그들은 부재 지주로서 보유한 대농장을 경제적 기반으로 삼았다.
② 공음전은 문벌귀족의 경제적 기반이다.

💭 오답풀이

① 권문세족의 지위를 유지할 수 있는 제도적 장치로 음서가 있었다. 그들은 음서를 통해 신분을 세습하여 관직에 진출하였다.
③ 권문세족은 도평의사사, 첨의부, 밀직사 등의 고위 관직을 장악하였다.
④ 부원세력은 고려를 원의 행성으로 만들고자 하는 입성 책동을 일으켰으나 실패하였다.

09

답 ④

📝 출제영역
조선시대 농서

박지원은 『과농소초』를 저술하여, 상업적 경영을 통해 농업생산성을 높여야 한다고 주장하였으며, 농기구의 개량, 영농 방법의 혁신, 한전론 등을 주장하였다. 『농가집성』은 조선 중기 문신인 신속이 편술한 농서로 모내기법 보급에 공헌하였다.
④ 박지원이 상업적 경영을 통해 농업생산성을 높여야 한다고 주장하며 쓴 저서는 『과농소초』이다.

💭 오답풀이

① 『농사직설』은 조선 세종 때 정초·변효문 등이 참여하여 편찬한 농서로, 전국의 농부들에게 경험을 물어 우리 현실에 맞는 농법을 개량하고 보급하였다.
② 『금양잡록』은 성종 때 강희맹이 금양에서 직접 농사를 지으며 쓴 농서이다.
③ 『양화소록』은 세조 때 강희안이 쓴 한국사 최초의 원예서로, 화초 재배법을 설명하였다.

10

답 ③

📝 출제영역
조선 중기 성리학

조선 중기에 사림이 집권한 이후 성리학의 사회적 실천을 위한 이론들이 발달하게 되었다. 조선 중기의 대표적인 성리학자는 이황, 이이, 조식 등이 있다.
ㄱ. 조식은 경과 의를 근본으로 하는 실천적 성리학풍을 강조하였다.

ㄴ. 16세기 중엽 이후 이황과 이이에 이르러 두 경향의 성학군주론이 일어났다. 이황은 『성학십도』에서 국왕 스스로 성학을 따를 것을 제시하였고, 이이는 『성학집요』에서 군주가 성학을 깨우치기 위해 현명한 신하가 적극적으로 가르쳐야한다고 주장하였다.
ㄹ. 이이는 왕도 정치의 이상을 문답 형식으로 정리한 『동호문답』과 성리학 초심자들의 입문서인 『격몽요결』등을 집필하였다.

💭 오답풀이

ㄷ. 백운동 서원을 설립한 인물은 주세붕이다. 이황은 백운동 서원을 소수서원이란 편액을 하사받도록 건의하였다.

11

답 ③

📝 출제영역
2차 예송논쟁(갑인예송)

2차 예송논쟁(갑인예송)은 효종비 사후 인조의 계비이자 효종의 계모인 자의대비 조씨의 상복 입는 기간을 두고 서인과 남인이 벌인 전례 논쟁이다. 서인은 왕과 사대부는 같은 예법을 따라야 하므로 9개월을 주장하였다. 반면, 남인은 왕과 사대부는 다른 예법을 따라야 하므로 1년을 주장하였다. 현종은 남인의 주장을 받아들여, 서인의 중심이었던 송시열을 유배에 처해졌다.
③ 인조의 계비인 자의대비 복상 문제가 쟁점이었다.

💭 오답풀이

① 효종 사후 자의대비의 상복 입는 기간을 두고 벌어진 1차 예송 논쟁(기해예송)에서 윤휴와 허목 등의 남인은 왕통을 이었으면 적장자로 보아야 하므로 3년복을 입어야 한다고 주장하였다. 남인은 효종이 비록 인조의 차남이지만 왕위를 계승하였으므로 적장자로 보아야 한다고 주장하였다.
② 송시열을 중심으로 한 서인이 기년복을 주장한 때는 1차 예송 논쟁(기해예송)이다. 1차 예송논쟁에서 서인은 효종이 적자로서 왕위를 계승하였지만 장자는 아닌 '체이부정(體而不正)'에 해당하므로, 자의대비는 3년복이 아닌 기년복(1년복)을 입어야 한다고 주장하였다. 1차 예송논쟁은 서인의 승리로 돌아갔다.
④ 김창집, 이이명 등 노론 4대신이 희생된 사건은 경종 대에 발생한 신임옥사이다. 경종이 즉위한 뒤, 노론은 연잉군을 세제로 책봉하고 세제의 대리청정을 강행하려 하였다. 이에 소론은 노론의 움직임을 경종을 제거하기 위한 역모라고 주장하여 8개월에 걸친 국문이 진행되었다. 그 결과, 노론 4대신을 비롯한 대다수의 인물들이 화를 입었다.

12 　　　　　　　　　　　　　　　답 ③

📝 **출제영역** 　　　　　　　　　조선후기 경제 상황

조선 후기 납포장들은 장인세만 부담하면 비교적 자유롭게 생산 활동에 종사할 수 있었다.
③ 공장안(工匠案)에서 벗어난 납포장이 장인세를 납부하면서 상품생산을 확대하였다.

💬 **오답풀이**

① 조선 후기 상품화폐경제가 발달하면서 상평통보가 널리 유통되어 동전 사용량이 증가하였다. 그러나 대규모 상거래에서는 동전이 무거웠던 지라 불편하였던 탓에 환·어음 등의 신용화폐가 보급되었다.
② 지주에 대한 지대 납부 방식이 정률지대인 타조법에서 정액지대인 도조법으로 확산되었다. 타조법은 지주와 소작인이 수확량을 반씩 나누는 방식이고, 도조법은 소작농이 생산량의 1/3과 같은 일정한 액수를 지주에게 납부하고 지주로부터 어느정도 자율성을 보장받는 방법이었다. 도조법으로의 전환은 지주와 소작인의 관계가 신분적 예속 관계에서 경제적 계약 관계로 변화하고 있었음을 보여준다.
④ 조선 후기에는 청과의 무역 증대로 은의 수요가 늘어나면서 은광 개발이 활발해졌다. 17세기 말엽에는 거의 70여개소에 이르는 은점이 설치되었다. 또한 상업 자본이 사금 채굴에 몰리면서 금광도 활발하게 개발되었다.

13 　　　　　　　　　　　　　　　답 ④

📝 **출제영역** 　　　　　　　　동학농민운동 시기의 사실

동학교도가 경복궁 앞에서 교조 신원 상소를 올렸던 집회는 1893년의 서울 집회이다. 1894년 9월 2차 봉기 때 논산에서 손병희의 북접군과 전봉준의 남접군이 논산에서 집결하여 한성으로 북상하였다.
④ 23부를 13도로 개편된 때는 1896년 8월이다. 1894년 12월 2차 갑오개혁 때 지방 행정 구역을 8도에서 23부로 개편하였으나, 갑작스러운 개편으로 혼선을 빚자 1896년 8월 23부를 13도로 개편하였다.

💬 **오답풀이**

① 1894년 5월 정부와 농민군이 전주화약을 체결한 뒤 농민군은 자진해산을 하였다. 농민군은 호남 지방의 각 군현에 집강소라는 농민 자치 기구를 설치하여 폐정 개혁안을 실천하였다.
② 1894년 7월 추진된 1차 갑오개혁에서 종래의 6조를 8아문으로 개편하였다.
③ 경무청을 신설하여 경찰제도를 도입한 때는 1894년 7월에 시행된 1차 갑오개혁 때이다.

14 　　　　　　　　　　　　　　　답 ④

📝 **출제영역** 　　　　　아관파천 이후 근대적 개혁의 추진

아관파천은 1896년에 신변에 위협을 느낀 고종이 러시아 공사관으로 피신한 사건으로, 1896년 이후에 주장된 개혁 내용을 고르는 문제이다.
ㄷ. 관민공동회의 헌의 6조(1898)에서 국가재정은 탁지부에서 전관하고 예·결산을 국민에게 공포할 것을 담았다.
ㄹ. 1900년부터 1904년까지 활동한 활빈당의 강령인 대한사민논설 13조(1900)에서 시장에 외국 상인의 출입을 엄금하고, 다른 나라에 철도 부설권을 허용하지 말 것을 주장하였다.

💬 **오답풀이**

ㄱ. 홍범 14조(1894)에서 청국에 의존하는 생각을 끊고 자주독립의 기초를 세울 것을 발표하였다.
ㄴ. 갑신정변 14개조 개혁 정강(1884)에서 규장각 및 혜상공국을 폐지할 것을 주장하였다.

15 　　　　　　　　　　　　　　　답 ②

📝 **출제영역** 　　　　　　　　을사늑약 체결에 대한 반발

안중근은 1905년 강제로 체결된 을사늑약에 대한 반발로, 1909년 만주 하얼빈역에서 초대 통감 이토 히로부미를 처단하였다. 따라서 ㉠은 을사늑약, ㉡은 통감부이다.
② 고종은 을사늑약을 거부하고, 조약 체결을 무효 선언하였다. 그리고 1907년 네덜란드 헤이그에서 열리는 만국 평화회의에 이상설, 이준, 이위종을 헤이그 특사로 파견하여 참석하게 하였다. 을사늑약의 무효와 일본의 침략 행위를 세계에 알리고자 하였으나 실패하였고, 일본은 이를 빌미로 고종을 강제 퇴위시켰다.

💬 **오답풀이**

① 시위대장 박승환은 1907년 군대 강제해산에 반발하여 자결하였다.
③ 보안회는 일본의 황무지 개관권 요구를 저지하기 위해 결성하였다.
④ 을사늑약으로 설치된 통감부는 조선의 외교권을 박탈하였으며, 내정에 대한 지배권을 강화하였다. 조선의 주권 강탈은 1910년 8월에 체결된 한일병합조약으로 이루어졌다.

16 　　　　　　　　　　답 ④

📝 **출제영역** 　　　　　　　　　토지조사사업

(가)는 1910년에 설치된 임시 토지 조사국이며, 제시문은 1912년에 공포된 토지 조사령이다. 일제는 식민 통치를 위한 경제적 기반을 조성하기 위해서 근대적 토지 소유 제도를 확립한다는 명분으로 1910년부터 1918년까지 토지 조사사업을 실시하였다.
토지조사사업은 기한 내에 신고하지 못한 토지는 모두 조선 총독부의 소유가 된다는 기한부 신고제로 운영하였는데, 토지 약탈을 의도하여 신고 기간이 짧고 절차가 까다로웠으며, 소유자가 직접 신고해야 했다.
ㄴ. 토지 약탈을 위해 동양척식주식회사가 설립된 때는 1908년이다. 일제는 토지조사사업을 통해 미신고지, 국·공유지, 소유주가 불분명한 토지를 조선총독부가 차지하여 동양 척식 주식 회사나 일본인에게 헐값에 매각하였다.
ㄹ. 1901년 광무개혁의 경제 정책으로 양지아문에서 양전 사업을 진행한 뒤, 지계아문에서 토지의 소유권을 법적으로 증명하는 지계를 발급하였다.

💬 **오답풀이**

ㄱ. 일제는 역과 관청의 경비를 충당하기 위해 지급된 역둔토와 궁방에 지급한 궁장토를 총독부 소유로 만들었다.
ㄷ. 토지의 형상과 면적을 측정하여 토지의 지적도를 만들었으며, 토지대장을 작성하여 토지의 소재·지목·번호·면적·지주 등을 등록하게 하였다.

17 　　　　　　　　　　답 ①

📝 **출제영역** 　　　　　　　　　조선물산장려회

제시문의 단체는 물산장려운동을 주도한 조선물산장려회이다. 조선물산장려회는 평양에서 조만식 등이 1920년에 설립한 단체로 토산품 애용 등을 통한 민족 기업과 상업 자본을 육성하여 민족 경제의 자립을 추구하고자 함이었다. '조선 사람 조선 것', '내 살림 내 것으로' 등을 구호로 앞세워 일본 상품을 배척하였다. 물산장려운동은 일제의 방해로 확산이 미흡했으며, 일부 자본가와 상인이 폭리를 취하면서 토산물 가격을 상승시키자 결국 자본가 계급을 위한 운동이라며 사회주의 계열이 비판하였다.
① 조선물산장려회는 1920년 회사령의 철폐와 일본 상품에 대한 관세 철폐 움직임으로 일본 자본과 상품의 무분별한 침투에 대항하기 위해 설립되었다.

💬 **오답풀이**

② 사회주의 성향의 운동 세력은 조선물산장려회가 주도하는 물산장려운동이 자본가 계급을 위한 운동이라며 비판하였다.
③ 신사 참배 거부 운동은 1930년대 후반부터 개신교도들이 중심이 되어 전개하였다.
④ 민립대학설립운동은 이상재 등이 1922년 조선 민립대학기성회를 조직하여 전개한 실력양성운동이다. '한민족 1천만이 한 사람이 1원씩'이라는 구호로 일제의 우민화 교육에 대항하고, 대학 설립을 통한 민족 인재를 양성하기 위한 모금 운동을 전개하였다. 1924년 경성 제국 대학을 설립한 일제는 민립 대학 설립운동을 탄압하였다.

18 　　　　　　　　　　답 ④

📝 **출제영역** 　　　　　　　　　근대 교육과 국어 연구

국어 연구의 선구자인 주시경은 1896년 최초의 국문연구회인 '국문동식회'를 설립하였고, 1907년에 창립된 국문연구소에서 활동하였다. 이후 1921년 주시경의 국문연구소를 계승한 조선어 연구회가 한글의 연구와 보급을 목적으로 결성되어 활동하였다. 1931년 최현배, 이극로, 이윤재 등을 중심으로 조선어 연구회를 계승한 조선어학회를 결성하였으나, 1942년 발생한 조선어학회사건으로 강제 해산되었다.
ㄴ. 이윤재, 최현배, 이극로 등은 조선어연구회를 계승하여 1931년 조선어학회를 결성하였다.
ㄹ. 우리나라 최초의 한글 교과서인 『사민필지』는 1889년 육영공원의 교사였던 호머 헐버트가 집필한 세계지리 교과서이다. 헐버트는 『사민필지』를 통해 세계 각국의 산천·풍토·사회·학술 등을 한글로 간략하게 소개하였다.

💬 **오답풀이**

ㄱ. 주시경이 설립한 '국문동식회(國文同式會)'는 순한글 신문인 『독립신문』의 국문철자법을 통일하기 위한 목적으로 1896년 독립신문사 안에 설치했던 최초의 국문연구회이다.
ㄷ. 조선어학회는 『우리말(조선말) 큰사전』의 편찬을 주도하였다. 잡지 『한글』을 간행하였으며, 한글 맞춤법 통일안과 표준어 및 외래어 표기법 통일안을 제정하였다.

19   답 ①

📝 **출제영역**   대한민국 임시정부의 건국강령

제시문의 ㉠은 1941년에 발표한 대한민국 임시정부의 건국강령이다.
민국 23년(1941년 11월), 대한민국 임시정부는 조소앙의 삼균주의(정치·경제·교육 균등)에 입각한 건국강령을 발표하였다. 대한민국 임시정부의 건국강령은 보통선거를 통한 민주 공화국의 수립, 토지 개혁, 무상교육, 주요 산업의 국유화, 친일파 청산 등의 내용을 담고 있다.
① 대한민국 임시정부의 건국강령에서 무상교육 실시를 주장하였다.

📖 **오답풀이**

② 조선 건국 동맹이 아닌 대한민국 임시정부가 발표하였다.
③ 의열단의 강령인 「조선혁명선언」은 1923년 김원봉의 요청을 받은 신채호가 작성한 것으로, 무정부주의를 바탕으로 파괴와 폭동 등에 의한 민중의 직접 혁명을 강조하였다.
④ 1940년 대한민국 임시정부의 정규군으로 창설된 한국광복군은 1944년 미국 전략 정보국(OSS)과 협력하여 국내 진공 작전을 추진하였으나, 일본이 항복하면서 실전 투입 기회가 무산되었다.

20   답 ①

📝 **출제영역**   농지개혁법

제시문에서 밑줄 친 개혁은 1949년에 제정되고, 1950년에 일부 개정·시행된 농지개혁법이다.
① 미군정은 1948년 귀속농지의 관리 기구인 신한공사를 해체하고 중앙토지행정처를 설치하여 귀속 농지를 처리하였다.

📖 **오답풀이**

② 농지개혁법은 박지원의 한전론에서 영향을 받아 경작하는 농민이 토지를 소유해야 한다는 경자유전의 원칙으로 실시되었다.
③ 농지개혁법의 결과 지주 중심의 토지 소유 구조가 자영농 중심으로 변화되어, 지주 계급이 소멸하고 자작농이 증가하였다.
④ 매수된 농지의 지주에게는 연평균 수확량의 150%를 5년간 나누었다. 그리하여 5년 동안 1년에 30%씩 보상받도록 하였다.

2회

01	④	02	②	03	④	04	②
05	②	06	④	07	①	08	④
09	③	10	④	11	②	12	④
13	④	14	①	15	②	16	④
17	④	18	③	19	②	20	①

01   답 ④

📝 **출제영역**   선덕여왕 대의 역사적 사실

제시문의 모란 일화는 선덕여왕에 대한 이야기로, 밑줄 친 왕은 선덕여왕이다.
④ 당나라를 예찬하는 오언태평송(五言太平頌)을 지어 당에 보낸 왕은 진덕여왕이다.

📖 **오답풀이**

① 642년 백제가 대야성을 공격하자, 국가적 위기를 타개하기 위해 김춘추가 선덕여왕의 허락을 받고 직접 고구려에 가서 연개소문을 만나 원병을 요청하였다. 그러나 고구려에서 죽령 이북의 땅을 요구하여 협상에 실패하였고, 김춘추는 당으로 건너가 당 태종에게 군사를 요청하고 나·당 동맹을 체결하였다.
② 642년(선덕여왕 11), 백제 의자왕의 공격으로 대야성을 비롯한 신라 서쪽의 40여 성을 빼앗겨 국가적 위기를 맞이하였다.
③ 승려 자장은 선덕여왕 때 대국통이 되어 승려의 규범과 계율을 주관하고, 계율종을 개창하였다. 자장이 선덕여왕에게 건의하여 황룡사 9층 목탑이 건립되었는데, 탑의 건립에는 주변 나라의 침입을 막고자 하는 호국 정신이 담겨 있었다.

02

답 ②

📝 **출제영역** 4세기 ~ 5세기 삼국시대의 역사적 사실

- (가)는 고구려 장수왕 대, (나)는 신라 법흥왕 대, (다)는 고구려 영양왕 대, (라)는 백제 근초고왕 대이다.
- ② 신라 법흥왕은 율령을 반포하고, 낙동강 유역의 금관가야를 병합하여 김해지역을 확보하였다. 고령의 대가야는 진흥왕 대에 신라에 병합되었다.

💬 **오답풀이**

① 고구려 장수왕은 서로 대립하고 있던 남북조와 각각 교류하는 다면적인 외교 정책을 통해 중국을 견제하고 세력을 확대하였다. 이를 보여주는 대표적인 예는 북연의 왕인 풍홍의 귀화를 둘러싸고 북위와 송과 갈등을 빚었던 사건이 있다.

③ 고구려 영양왕은 이문진에게 명하여 역사서인 『유기』 100권을 『신집』 5권으로 개수하게 하였다.

④ 백제 근초고왕은 남으로 마한을 통합하고, 북으로 고구려 평양성을 공격하여 고국원왕을 전사시키고 황해도 일부 지역을 차지하였다.

03

답 ④

📝 **출제영역** 발해의 역사적 사실

제시문은 발해의 발전과 멸망에 대한 내용으로, (가)는 727년 발해 무왕 때, (나)는 926년 발해의 제15대 왕이자 마지막 왕인 대인선의 일이다. (가)의 발해 무왕은 727년 당과 신라를 견제하기 위해 일본·돌궐 등과 교류함으로써 동북아시아의 세력 균형을 유지하였다. (나)의 대인선은 거란의 야율아보기의 침입을 받아 수도인 상경성(홀한성)이 포위되었고, 결국 926년 거란에 의해 발해가 멸망하였다.

④ 발해가 멸망한 뒤 세자 대광현은 발해 유민 수만 명을 이끌고 고려에 귀화하였다.(926년 또는 934년) 고려의 태조 왕건은 발해 유민들을 포용하여, 대광현에게 왕계라는 이름을 하사하고 왕족으로 대우해주었다. 따라서 대광현의 고려 귀화는 야율아보기가 홀한성을 포위한 사건 이후의 일이므로 적절하지 않은 내용이다.

💬 **오답풀이**

① 당으로부터 해동성국이라고 불리었던 때는 발해의 전성기인 9세기 전반 선왕 때이다.

② 중경현덕부에서 상경용천부로 도읍을 옮겨 발전의 기틀을 마련한 왕은 8세기 후반의 문왕이다. 문왕은 수도를 중경에서 상경으로 천도한 뒤 동경으로 재천도하였으며, 성왕 때에 동경에서 상경으로 재천도하였다.

③ 왕건은 918년 궁예를 몰아낸 뒤 신하들을 추대를 받아 철원에서 즉위하여 국호를 고려라 정하였다. 이듬해인 919년 송악으로 수도를 천도하였다.

04

답 ②

📝 **출제영역** 고려 중기 국내외 상황

송나라 사신 서긍은 1123년(인종 1)에 고려를 방문하여 보고 들은 것을 『고려도경』에 기록하였는데, 고려 청자를 감상한 뒤 청자의 우수성을 서술하였다. 서긍이 방문하였던 때는 1123년, 17대 왕인 인종 1년으로 고려 중기이기에 옳은 내용이다.

② 송나라 사신 서긍은 고려도경에서 고려청자의 우수함을 서술하였다.

💬 **오답풀이**

① 요(거란)가 있었던 시기는 고려 초기이다. 고려는 발해를 멸망시킨 거란에 적대적인 자세를 취하여 송과 친교를 맺고 북진 정책을 추진하자, 요는 여러 구실로 총 3차례 고려에 침입하였다. 1차 침입(성종, 993)은 옛 고구려 땅을 내놓을 것과 송과의 외교 단절, 요와의 수교를 요구하며 소손녕이 침입하였으나, 서희의 외교담판으로 고려는 강동6주를 획득하여 국경을 확장하였다. 2차 침입(현종, 1010)은 강조의 정변을 구실로 침입하였으나 양규의 활약(흥화진 전투)으로 현종의 친조를 조건으로 철수하였다. 3차 침입(현종, 1018)은 현종이 입조 약속을 불이행하자 침입하였고 강감찬이 귀주에서 요나라 군대를 크게 격파하였다.

③ 공주 명학소의 반란은 1176년에 일어났으며, 무신집권기이다.

④ 국자감을 성균관으로 처음 개칭한 왕은 고려 후기의 충선왕이다. 국자감은 충렬왕 때 국학으로 개칭되었다가, 충선왕이 성균감으로 고친 뒤 다시 성균관으로 고쳤다. 그 뒤 공민왕이 국자감으로 환원하였다가 다시 성균관으로 개칭하여 조선으로 이어졌다.

05

답 ②

📝 **출제영역** 충선왕 ~ 공민왕 대의 역사적 사실

(가)는 26대 왕인 충선왕 대에 실시된 각염법(소금전매제)이다. (나)는 31대 왕인 공민왕 대에 실시된 왕권강화정책이다.

② 29대 왕인 충목왕 대에 정치도감이 설치되었다.

🗨 오답풀이

① 25대 왕인 충렬왕 대에 원의 간섭기구인 정동행성이 설치되었다.
③ 공민왕 때(1370), 이성계가 동녕부를 공격하는 1차 요동 정벌에 나섰다. 우왕 때(1388), 이성계는 최영이 강행한 2차 요동 정벌에 나섰으나 위화도에서 회군하였다.
④ 25대 왕인 충렬왕 대에 관학진흥책의 일환으로 국자감을 국학으로 개칭하였다.

06 　　　　　　　　　　　　　　　답 ④

📝 출제영역　　　　　　　　　　　　`고려시대의 성리학자`

제시문의 ⑤은 조선 최초의 사액서원인 소수서원에 배향된 안향으로, 충렬왕 때 성리학을 고려에 처음 소개한 인물이다.
1543년 풍기 군수 주세붕은 안향을 배향한 백운동 서원을 설립하였다. 이후 이황의 건의로 소수서원으로 사액되어, 조선 최초의 사액서원이 되었다.
④ 안향은 원에서 크게 성행하고 있었던 성리학을 처음으로 국내에 소개하였다.

🗨 오답풀이

① 훗날 '동방 이학(理學)의 조(祖)'라 불린 인물은 정몽주이다.
② 충선왕이 세운 만권당에서 원의 학자들과 교류한 인물은 이제현이다.
③ 역사서『사략』을 저술한 인물은 이제현이다.

07 　　　　　　　　　　　　　　　답 ①

📝 출제영역　　　　　　　　　　　　`조선 초기 왕의 업적`

문종은 고조선부터 고려 말까지의 우리나라 전쟁사를 정리한『동국병감』을 편찬하였다.
① 문종은『동국병감』을 편찬하였다.

🗨 오답풀이

② 태종이 창덕궁을 건설하였고, 성종이 창경궁을 건설하였다. 태종은 1405년 정종 때 개경으로 옮겼던 수도를 다시 한양으로 옮기면서 창덕궁을 건설하였으며, 경복궁의 동쪽에 위치하여 동궐로 불리기도 하였다. 성종은 1483년 세종 때 지은 수강궁을 세 명의 왕대비를 위해 창경궁으로 수리하여 지었다.

③ 사가독서제를 실시하여 학문 활동을 장려한 왕은 세종이다. 사가독서제는 유능한 인재를 양성하고 학문 활동을 장려하기 위해 젊은 문신들에게 휴가를 주어 독서에 전념할 수 있도록 한 제도이다.
④ 세조는 간경도감을 설치하여 불교 경전을 번역하여 간행·보급하는 적극적인 불교 진흥책을 펼쳤다. 간경도감에서 간행한 대표적인 불교 서적은『석보상절』과『월인천강지곡』을 합본한『월인석보』가 있다.

08 　　　　　　　　　　　　　　　답 ④

📝 출제영역　　　　　　　　　　　　`대동법`

제시문은 이이의 대공수미법에 대한 내용이다. 대공수미법은 조선 중기 공납의 폐단을 시정하기 위해 제기된 조세 정책으로, 공물을 현물 자체가 아닌 현물의 값에 따른 쌀을 납부한다는 내용이다.
이이의 대공수미법은 제대로 시행되지 못하였으나 광해군 때 이원익의 건의로 경기도에 한해 처음으로 대동법이 실시되었다. 숙종 때 이르러 국경지역인 함경도와 평안도 및 제주도의 잉류 지역을 제외한 전국으로 확대되었다.
ㄷ. 공물 납부 방식이 토지결수를 기준으로 하면서, 토지가 없거나 적은 농민들의 세금 부담이 어느 정도 경감되었다.
ㄹ. 대동법의 실시로 어용상인인 공인이 등장하여 국가에서 거두어들인 대동세를 공가로 미리 받아 필요한 물품을 사서 국가에 납부하였다. 대동법이 실시되었음에도 별공과 진상은 그대로 남아있어서 현물에 대한 부담이 잔존하였다.

🗨 오답풀이

ㄱ. 1430년(세종 12) 세종은 공법(貢法)에 대한 국민투표를 5개월간 전국적으로 실시하였다. 지방의 촌민에 이르기까지 총 18만 여 명이 참여하여, 공법에 대한 찬반의사를 묻고, 찬반 이유에 대해서도 물었다. 백성들의 의견을 수렴하여 공법의 보완조치를 진행한 세종은 1437년 전라도와 경상도에서 공법을 시범적으로 실시한 뒤, 1444년 전분 6등법과 연분 9등법으로 최종 확정하였다. 전분 6등법은 토지 비옥도를 기준으로 6등급으로 구분하는 것이고, 연분 9등법은 수확한 연도의 풍흉에 따라 9등급으로 구분하여 1결당 4~20두의 조세를 수취하는 제도이다.
ㄴ. 대동법 실시로 공물 납부 방식이 가호에서 토지결수로 바뀌었다.

09

📝 **출제영역** 조선시대 문화재

을미사변 이후 신변의 위협을 느낀 고종은 1896년 2월 왕세자와 함께 경복궁을 떠나 러시아 공사관으로 거처를 옮기는 아관파천을 단행하였다. 이후 대내외의 여론에 힘입어 경운궁(덕수궁)으로 환궁한 고종은 1897년 국호를 '대한', 연호를 '광무'로 바꾸고 환구단에서 황제즉위식을 거행한 뒤 대한 제국 수립을 선포하였다.

③ 고종이 경운궁으로 환궁한 뒤 환구단에서 황제즉위식을 거행하였다.

📄 **오답풀이**

① 만동묘는 임진왜란 때 조선을 도와준 명나라 신종과 명나라의 마지막 황제인 의종을 기리기 위해 화양서원 내에 세운 사당으로, 송시열의 유명을 받든 제자 권상하가 화양서원 내에 창건하였다.

② 향원정은 경복궁 북쪽 후원에 있는 향원지 내의 가운데 섬 위에 건립된 목조 정자이다. 1887년 우리나라 최초의 전등이 설치되어 전기가 공급되기 시작하였다.

④ 광해군 때 이궁(離宮)으로 건립된 경희궁은 10대에 걸쳐 왕이 정사를 보았던 궁궐이다.

10

📝 **출제영역** 성종 대 편찬 서적

제시문 속 괄호는 서거정이 편찬한 『동국통감』으로, 성종 대에 편찬된 서적이다.

④ 왕명으로 『고려사』의 내용을 편년체로 정리한 『고려사절요』가 편찬된 때는 조선 문종 대이다.

📄 **오답풀이**

① 신숙주는 성종의 명을 받아 일본 사행 경험을 바탕으로 일본국과 유구국에 대한 정보를 기술한 『해동제국기』를 간행하였다.

② 국가의 여러 행사에 필요한 예법과 절차를 기록한 『국조오례의』는 성종 대에 완성되었다.

③ 강희맹은 성종 대에 금양에서 직접 농사를 지은 경험을 토대로 『금양잡록』을 저술하였다.

11

📝 **출제영역** 세조 대 ~ 선조 대의 사실

직전제(1466)를 도입한 왕은 세조이며, 기축옥사(1589)가 일어난 시기의 왕은 선조이다.

② 여민락 등을 짓고 정간보를 창간한 때는 조선 세종 대이다.

📄 **오답풀이**

① 명종 즉위 후 수렴청정을 하던 문정 왕후의 지원으로 불교 진흥 정책이 실시되어, 선·교 양종이 부활되었고, 선과가 다시 실시되었다.

③ 현량과 시행을 통해서 유교의 이상 정치를 실현하려고 한 인물은 조광조로, 중종 대에 활동한 인물이다.

④ 명종 때, 척신과 권신들은 많은 노동력을 투입하여 해택지(海澤地)를 개간하여 토지를 확대하였다.

12

📝 **출제영역** 이황과 이이의 활동

(가)는 이황의 『성학십도』이며, (나)는 이이의 사회경장론이다.

이황은 선조에게 『성학십도』를 올려, 군왕의 도에 대해 설명하였다. 성리학의 원리를 10개의 도식으로 설명하여, 군주 스스로 성학을 따르는 성학군주론을 주장하였다. 이이는 경험적인 현실 세계를 중시하며, 정치·경제·교육·국방 등과 관련된 개혁을 주장하는 사회경장론을 제시하였다. 사회경장론은 이후 조선 후기 실학 사상에 영향을 주었다.

② 이황은 『전습록논변』에서 양명학을 유교적 질서와 학문을 어지럽히는 사문난적으로 비판하며 이단으로 간주하였다.

📄 **오답풀이**

① 이이는 아홉 차례의 과거 시험에 모두 장원하여 '구도장원공'이라는 별칭을 얻었다.

③ 조식은 선조에게 『무진봉사』를 올려, 서리망국론을 주장하여 당시 서리의 폐단을 강력하게 비판하였다.

④ 서경덕은 이보다는 기를 중심으로 세계를 이해하고, 불교와 노장사상에 개방적이었다.

13

📝 **출제영역** 조선의 해외 견문서적

『해동제국기』는 1471년 성종 대에 신숙주가 통신사로 일본에 방문하였을 때 관찰한 일본의 정보들을 기술한 역사서이다.

④ 1881년 어윤중이 일본에 조사시찰단으로 파견되었을 때 일본과 중국의 인사들을 만나 작성한 대담집은 『담초(談草)』이다.

📄 **오답풀이**

① 『표해록』은 1488년 성종 대에 문신 최부가 중국에 표류됐을 때의 체험과 여정들을 기록한 기행록이다.

② 『열하일기』는 1780년 정조 대에 북학파 박지원이 청의 연경(북경)에 다녀와 남긴 견문기로, 청의 문물을 소개하였다.

③ 『서유견문』은 1895년 고종 대에 유길준이 미국 유학 때 유럽 여러 나라를 둘러보며 기록한 기행기이다.

14 답 ①

📝 출제영역   일본과의 조약 체결

(가)는 1876년에 체결된 조·일수호조규부록이며, (나)는 1882년에 체결된 조·청상민수륙무역장정이다.

조·일수호조규부록은 강화도조약의 부속 조약으로 체결된 조약으로, 일본 외교관의 여행 자유, 일본인의 개항장 활동 범위를 10리로 제한하는 거류지 설정, 개항장 내 일본 화폐 유통을 허용하는 내용이 담겨 있었다.

임오군란(1882)의 결과로 체결된 조·청상민수륙무역장정은 조선은 청의 속방임을 명시하였고, 청의 치외법권을 인정하고, 청 상인의 내지통상권을 규정하는 조항을 담았다.

① 일본 공사관에서 경비병의 주둔을 허락한다는 조항은 1882년 8월 체결된 제물포조약의 내용이다. 제물포조약은 임오군란의 결과로 체결된 일본과의 조약으로, 배상금 지불과 일본 공사관을 호위한다는 구실로 일본군을 한성에 주둔시키는 것을 인정하게 하였다. 제물포조약이 체결된 지 한 달여 뒤에 조·청상민수륙무역장정이 체결되었으므로 옳은 내용이다.

🗂 오답풀이

② 일본인 거주 지역 내에서의 치외법권을 인정한다는 조항은 1876년에 체결된 강화도 조약(조·일수호조규)의 내용이다. 강화도조약은 조선이 외국과 맺은 최초의 근대적·불평등 조약으로, 부산·원산·인천 항구 개항, 개항장에 일본인 거주 허용, 조선 해안 측량권 허용, 치외법권 인정 등의 내용이 포함되어 있었다.

③ 조선이 일시적으로 쌀 수출을 금지하려고 할 때는 1개월 전에 지방관이 일본 영사관에 통지한다는 내용은 방곡령으로, 1883년에 체결된 조·일 통상 장정의 조항이다. 조·일 통상 장정은 방곡령 시행 규정과 더불어 일본 상품에 대한 관세 부과, 일본에 대한 최혜국 대우를 인정하는 조항이 있었다.

④ 일본은 군사 전략상 필요한 지점을 이용할 수 있다는 조항은 1904년에 체결된 한·일 의정서의 내용이다. 대한제국의 군사적 요지와 시설 점령과 더불어 조선 내정에 간섭하고, 외교권 행사에도 관여하였다.

15 답 ②

📝 출제영역   을사늑약 이전의 사실

제시문은 최익현의 '포고팔도시민'(1906)이며, 제시문 속 행위는 1905년 11월에 체결된 을사늑약이다.

ㄱ. 가쓰라·태프트밀약(1905.7)은 미국의 필리핀에 대한 권리를 일본이 인정하는 대신 미국은 일본의 한국에 대한 독점적 우월권을 인정하는 내용으로, 미국과 일본 체결하였다.

ㄹ. 1차 한일협약(1904.8)은 외국인 고문을 채용한다는 내용으로, 대한 제국의 재정 고문으로 일본인 메가타, 외교 고문으로 미국인 스티븐스가 부임하였다. 1차 한일협약으로 고문의 사전 동의 없이는 일체의 재정 및 외교상의 일을 처리할 수 없어, 일본의 내정 간섭이 심화되었다.

🗂 오답풀이

ㄴ. 1907년 고종의 강제 퇴위와 한·일신협약 체결로 인해 대한 제국 군대가 강제 해산되자, 이인영과 허위 등 양반 유생 의병장을 중심으로 13도 창의군을 결성하였다. 1908년 서울 진공작전을 전개하였으나 일본의 대응으로 실패하였다.

ㄷ. 장지연이 『황성신문』에 「시일야방성대곡」을 게재한 때는 을사늑약 이후(1905)이다.

16 답 ④

📝 출제영역

제시된 법령은 1911년 시행된 회사령이다.

④ 동양척식주식회사는 1908년에 설립되었다.

🗂 오답풀이

① 경성 제국 대학이 설립된 때는 1924년이다.

② 경찰범 처벌 규칙이 제정된 때는 1912년이다.

③ 농공은행을 조선식산은행으로 개편된 때는 1918년이다.

17

답 ④

📝 **출제영역** 1930~1940년대 항일운동

ㄱ은 조선어학회사건(1942), ㄴ은 대한민국임시정부의 건국강령 제정(1941), ㄷ은 한인애국단 결성(1931), ㄹ은 조선의용대 창설(1938)이다.

💭 **오답풀이**

ㄱ. 조선어학회 사건(1942)은 일제가 조선어 학회를 독립운동 단체로 간주하여 치안유지법에 따라 최현배·이윤재를 체포·투옥시키고, 조선어 학회를 강제 해산시킨 사건이다.

ㄴ. 대한민국 건국강령(1941)은 조소앙의 삼균주의(정치·경제·교육 균등)에 바탕을 두고, 보통 선거의 실시, 토지 및 대기업의 국유화, 의무 교육의 실시 등을 주장하였다.

ㄷ. 한인애국단(1931)은 대한민국 임시정부의 침체를 극복하기 위해 김구가 중국 상하이에서 조직하였다.

ㄹ. 조선 의용대(1938)는 김원봉의 주도로 조선민족 혁명당을 중심으로 여러 단체가 연합한 조선민족전선연맹의 군사조직으로, 우한의 한커우에서 창설되었다. 조선 의용대는 중국 관내에서 결성된 최초의 한인 무장 부대이다.

18

답 ③

📝 **출제영역** 민족주의 사학 연구

(가)는 신채호, (나)는 박은식, (다)는 정인보, (라)는 문일평으로, 모두 일제강점기 민족주의 사학자들이다. 이들은 민족문화의 우수성과 민족의 전통과 정신을 강조하였다.

③ 신채호는 『조선상고사』에서 역사를 '아(我)'와 '비아(非我)'의 투쟁의 기록이라고 인식하였다.

💭 **오답풀이**

① 『조선상고사』, 『조선사연구초』를 저술한 신채호는 고대사 연구에 초점을 맞춰 민족주의 사학을 확립하였다.

② 박은식은 대동사상을 수용한 유교 구신론을 저술하여 고리타분한 성리학이 아닌 실천적인 성격의 양명학으로 개혁해야 한다고 주장하였다.

④ 문일평은 안재홍 등과 함께 다산 정약용 서거 99주년을 기념하여 『여유당전서』를 간행한 것을 계기로 조선학 운동을 전개하여 세종과 실학자들의 업적을 높이 평가하였다.

19

답 ②

📝 **출제영역** 1940년대 무장독립전쟁

김두봉 등 화북 지역 공산주의자들이 결성한 조선독립동맹의 군사조직은 화북지역의 공산주의자와 조선 의용대 화북지대를 통합하여 조선 의용군으로 창설하였다. 조선 의용군은 중국 공산군(팔로군)과 함께 항일 투쟁을 전개하였다.

② 조선 의용대 화북 지대가 조선 의용군으로 재편된 때는 1942년이다.

💭 **오답풀이**

① 동북항일연군이 보천보 전투를 전개한 때는 1937년이다.

③ 의열단, 조선 혁명당 등이 결집하여 민족 혁명당을 창당한 때는 1935년이다.

④ 군사양성기관인 대조선 국민군단이 창설된 때는 1914년이다.

20

답 ①

📝 **출제영역** 6·25 전쟁의 휴전 회담

제시문은 휴전회담의 내용이다. 휴전회담은 소련의 제의로 1951년 7월에 개성에서 처음 개최되었으며, 1953년 7월 27일 정전협정이 체결되었다.

① 이승만 정부는 1953년 6월 휴전 협상에 반대하여 회담의 쟁점이었던 거제도의 반공포로를 석방하였다.

💭 **오답풀이**

② 한·미 상호 방위 조약은 1953년 10월에 체결된 조약으로, 북한의 재침 방지와 한국 문제에 대한 미국의 정식 개입을 보장하여 휴전에 반대하는 이승만 정부를 안심시키기 위한 조약이다. 주요 내용은 미군의 한반도 주둔과 미군 기지의 유지, 한국군의 작전 통제권을 유엔군 사령부에 양도, 조약의 유효기간이 없는 등의 내용이다.

③ 북한을 침략자로 규정하고 유엔군 파병을 결정한 때는 1950년 7월이다.

④ 대규모 해상 작전인 흥남 철수가 이루어진 때는 1950년 12월이다. 중국군의 참전(1950.10)으로 국군과 유엔군이 남쪽으로 밀려나던 상황 속에서, 국군·유엔군이 장진호 전투의 패배로 퇴로가 차단되는 위기가 발생하자 흥남철수작전이 이루어졌다.

3회

01	③	02	④	03	①	04	①
05	①	06	①	07	②	08	④
09	②	10	③	11	①	12	②
13	③	14	②	15	④	16	④
17	④	18	③	19	①	20	①

01
답 ③

📝 출제영역 　　　　　　　　　　　　　동예의 사회 모습

제시문의 ㉠은 동예이다.
동예는 후(侯)·읍군·삼로 등의 군장이 하호를 통치하며, 사람이 병들어 죽으면 옛 집을 버리고 새집으로 이사하는 풍습을 가지고 있었다. 또한 산과 하천마다 구분이 있어 다른 부족의 영역을 함부로 침범하면 노비와 소, 말로 변상하는 책화의 풍습이 있었다.
③ 동예는 산과 하천마다 구분이 있어 함부로 들어가지 못하는 책화의 풍습이 있었다.

🗨 오답풀이

① 영고는 부여의 제천행사이다.
② 민며느리제는 옥저의 혼인 풍속이다.
④ 아이가 출생하면 돌로 머리를 눌러 납작하게 하는 편두 풍습이 있었던 나라는 변한과 진한이다.

02
답 ④

📝 출제영역 　　　　　　　백제역사유적지구 문화유산

백제는 고구려에게 수도 한성을 빼앗긴 뒤 공주로 천도하여, 웅진 시대를 열었다. 유네스코 세계유산으로 지정된 백제역사유적지구 문화유산 중 공주시에 속하는 유적은 공산성, 송산리 고분군이 있다. 부여군에 속하는 유적은 관북리 유적과 부소산성, 능산리 고분군(백제 왕릉원), 정림사지, 부여 나성이 있으며, 익산시에는 왕궁리 유적, 미륵사지가 있다.
ㄴ. 공주 공산성은 백제의 궁궐터가 남아 있는 웅진 시대의 건축물이다.
ㄹ. 공주 송산리 고분군은 웅진 시대의 대표적인 굴식 돌방무덤이다.

🗨 오답풀이

ㄱ. 정림사지는 부여의 중심부에 위치한 절터로, 사비 시대의 대표적인 불교 유적이며, 백제역사유적지구 문화유산에 속한다.
ㄷ. 백제 금동 대향로는 부여 능산리 고분군(백제 왕릉원)과 부여 나성 사이에 발견된 절터의 목곽수로 안에서 발견되었다. 뛰어난 금속 공예 기술로 제작되었으며, 불교와 도교의 복합적인 요소를 가지고 있는 백제의 대표적인 유물이다.

03
답 ①

📝 출제영역 　　　　　　　　　　　고구려의 역사적 사실

제시문은 5세기 말 고구려의 장수왕(제20대 왕) 때 건립된 중원고구려비의 내용으로, 장수왕 대 이전의 사실을 고르는 문제이다.
① 영락이라는 독자적인 연호를 사용한 왕은 고구려 광개토대왕(제19대 왕)이다.

🗨 오답풀이

② 부여를 복속하여 고구려 최대 영토를 확보한 왕은 고구려의 문자왕(제21대 왕)이다.
③ 국력이 강대해져 해동성국으로 불린 때는 발해 선왕 때이다.
④ 수나라의 요서지역에 대해 선제공격을 감행한 인물은 고구려의 영양왕(제26대 왕)이다.

04
답 ①

📝 출제영역 　　　　　　발해 무왕과 부여와 관련된 사실

제시문은 발해 무왕이 일본에 보낸 국서의 내용이다. 무왕은 발해가 고구려의 옛 땅을 회복하고, 부여의 전통을 이어받았다고 하였다. 따라서 ㉠은 발해 무왕이며, ㉡은 부여이다.
① 발해 무왕은 당과 신라를 견제하기 위해 돌궐·일본 등과 연결하여 동북아시아의 세력 균형을 유지하였다.

🗨 오답풀이

② 대가들이 각각 사자·조의·선인을 거느린 나라는 고구려이다.
③ 790년 신라 원성왕은 일길찬 백어를 발해 문왕에게 사신으로 보내었다.
④ 부여는 전쟁 시에도 제천행사 '영고'를 지냈다.

05

답 ①

📝 **출제영역** `고대 ~ 조선시대의 과학기술`

ㄱ. 13세기 고려 고종 때, 당시 집권자인 최우가 상정고금예문을 금속활자로 인쇄하였다.

ㄴ. 『향약구급방』은 고려 고종 때 대장도감에서 편찬된 현존하는 우리나라 최고의 의학 서적이다.

🗂 **오답풀이**

ㄷ. <천상열차분야지도>는 지전설이 아닌 고구려의 천문도를 바탕으로 만들어졌다.

ㄹ. 조선 세종 때에 밀랍이 아닌 식자판을 조립하는 방법이 개발되어 종전보다 2배의 인쇄 능률을 높였다.

06

답 ①

📝 **출제영역** `고려 태조의 정책`

제시문의 왕은 고려를 건국한 태조 왕건이다. 태조는 귀순한 호족에게 왕씨 성을 내려주어 포섭하는 사성 정책을 펼쳤다. 또한 유력한 호족과 혼인을 하는 결혼 정책으로 호족을 회유하였다.

① 고려 태조는 귀순한 호족에게 성(姓)을 내려주어 포섭하였다.

🗂 **오답풀이**

② 고려 광종은 중국에서 귀화한 쌍기의 건의에 따라 과거(科擧)제도를 시행하였다. 과거 시험에 따라 관리를 선발하여 공신 세력을 약화시키고 왕권을 강화하고자 하였다.

③ 신라 진성여왕 때(888) 위홍 등이 신라시대의 향가를 모아 『삼대목』을 편찬하였다.

④ 신라 경덕왕 때(757) 귀족들의 반발로 신문왕 때 폐지되었던 녹읍을 부활시켰다.

07

답 ②

📝 **출제영역** `고려시대의 역사서 편찬`

1145년(인종 23)에 김부식이 편찬한 『삼국사기』는 현존하는 우리나라 최고(最古)의 역사서이다. 문벌 귀족 사회 발달을 배경으로 신라 계승의식이 반영되어 있으며, 유교적 합리주의 사관에 입각하여 본기, 열전 등 기전체로 서술하였다.

② 유교적 합리주의 사관에 입각하여 기전체로 서술된 사서는 김부식의 『삼국사기』(1145)로, 고려 중기의 역사서이다.

🗂 **오답풀이**

① 불교사를 중심으로 새로운 고대사 체계를 세운 역사서는 고려 후기에 편찬된 일연의 『삼국유사』(1281)이다.

③ 고려 후기에 전통 의식과 대의명분을 중시하는 성리학적 사관에 입각한 『사략』이 집필되었다.

④ 우리 역사를 중국과 대등하게 파악하며 단군을 민족 시조로 인식한 사서는 이승휴의 『제왕운기』(1287)로, 고려 후기의 역사서이다.

08

답 ④

📝 **출제영역** `조선시대의 서적`

『필원잡기』는 조선 성종 때, 『어우야담』은 광해군 때, 『연조귀감』은 정조 때, 『규사』는 철종 때 발간된 서적이다.

ㄱ. 『어우야담』은 광해군 때 유몽인이 지은 최초의 야담집(野談集)이다.

ㄴ. 『연조귀감』은 1777년 정조 때 이진흥이 향리의 역사와 향리의 역할, 향리에 대한 처우 개선 등을 집약하여 정리한 역사서이다.

ㄷ. 『규사』는 1858년 철종 때 대구의 유림들이 우리나라의 역대 서얼들의 행적 등을 모은 역사서이다.

ㄹ. 『필원잡기』는 1487년 성종 때 서거정이 야사와 사대부 일화 등을 기록한 수필집이다.

09

답 ②

📝 **출제영역** `조선 성리학의 발달`

(가)는 일본의 성리학 발전에 큰 영향을 끼쳐 동방의 주자라 칭송받았던 인물은 이황이다. 이황은 선조가 즉위하자 왕의 수신 교과서인 『성학집도』를 올려, 군주가 스스로 성학을 따른다는 성학군주론을 주장하였다. 주희의 성리설을 받아들여, 불완전한 기보다 완전한 이를 중시하였다.

② 왕이 지켜야 할 왕도정치 규범을 체계화한 성학십도를 지었다.

🗂 **오답풀이**

① 마음이 밝은 것을 '경'이라 하고 밖으로 과단성 있는 것을 '의'로 하여, 경과 의를 근본으로 하는 실천적 성리학풍을 창도함으로써 학문의 실천성을 주장한 인물은 조식이다.

③ 이이는 경험적인 현실세계를 구성하는 기를 중시하면서 국가도 시대의 변화에 맞게 제도를 개혁해야 한다는 경장론을 주장하였다. 이이는 『동호문답』, 『만언봉사』 등을 선조에게 올려 10만 양병설, 수미법 등의 사회 개혁안을 주장하였다.

④ 내수사 장리의 폐지, 소격서 폐지 등을 주장한 인물은 조광조이다. 사림파의 선두였던 조광조는 성리학적 도학 정치를 추구하여 현량과를 실시하여 신진 사림을 등용하고, 도교 행사를 주관하던 소격서를 폐지하였다. 민생 안정을 위해 왕실의 비용을 충당하고자 내수사에서 백성들에게 연5할의 고리(高利)를 놓던 장리 폐지를 주장하였다. 또한 균전제 실시를 주장하였으며, 방납의 폐단을 시정하기 위한 수미법을 주장하였다.

10   답 ③

📝 출제영역   정조 대의 초계문신제

제시문 속 제도는 초계문신제이다.
③ 정조가 시행한 개혁정책의 일환인 초계문신제(1781)는 신진 인물이나 중·하급 관리들 중에서 유능한 인사를 재교육하는 제도로, 왕권강화를 목적으로 실시되었다.

🗨 오답풀이

① 상피제는 권력의 집중과 부정을 막기 위해 가까운 친인척이 같은 관서에 근무하지 않도록 하거나 같은 출신 지역의 지방관으로 임명하지 않는 제도이다.
② 경연제도는 왕과 신하들이 유학 경전, 역사서 등을 강론하면서 학문과 시무를 논하던 제도이다.
④ 의정부서사제는 6조에서 올라오는 모든 일을 삼점승(영의정, 좌의정, 우의정)이 중심이 되는 의정부에서 논의한 뒤, 합의된 사항을 왕에게 올려 결재를 받는 제도이다.

11   답 ①

📝 출제영역   정약용과 실학

제시문은 1934년 정인보, 안재홍, 문일평 등이 정약용 서거 99주년을 맞이하여, 정약용의 저서들을 모은 『여유당전서』를 발간하면서 조선의 실학을 연구하고 재평가했던 조선학운동이다. 따라서 (가)의 인물은 정약용이다.
조선 후기 대표적인 실학자인 정약용은 『목민심서』, 『흠흠신서』, 『경제유표』, 『기예론』, 『마과회통』 등 정치·경제·사회·과학·의학·법률 등 다양한 분야에서 실학을 집대성하였다. 농민의 생활 안정을 위한 여전제와 정전제 등 토지 개혁론을 제시하였으며, 화성 축조에 사용된 거중기와 주교(배다리) 등을 제작하기도 하였다. 『마과회통』에서 천연두 치료법인 종두법을 조선 최초로 소개하기도 하였으며, 『흠흠신서』에서 형옥 관련 판례를 정리하여 백성들이 억울한 벌을 받지 않도록 하였다.

① 1801년 3월 발생한 대규모 천주교도 박해 사건이자 노론 벽파의 시파·남인 숙청사업인 신유사옥(신유박해)에 정약용이 연루되어 경상도 장기현으로 유배를 떠났다. 신유박해의 일환인 황사영 백서 사건에 연루되어 1801년 11월 전남 강진으로 이배되어 약 18년 간 귀양생활을 하였다.

🗨 오답풀이

② 이익의 제자인 안정복은 이익의 역사의식을 계승한 『동사강목』(1778)을 저술하였다. 안정복은 고조선에서 고려 말까지의 역사를 서술한 『동사강목』을 통해 독자적인 삼한 정통론을 제시하였으며, 고증 사학의 발전 기반을 마련하였다.
③ 지구가 우주의 중심이 아니라는 무한우주론은 홍대용의 주장이다. 홍대용은 『의산문답』에서 지전설, 무한우주론을 주장하며 중국 중심의 세계관을 비판하였다.
④ 박제가는 『북학의』를 저술하여 청의 문물을 적극 수용하고, 청과의 통상을 확대하고, 수레나 선박의 이용을 확대할 것을 주장하였다. 또한 생산과 소비 관계를 우물에 비유하여 절약보다 소비를 권장하였으며, 상공업 육성을 강조하였다.

12   답 ②

📝 출제영역   조선 후기 삼정의 문란

조선 후기 삼정의 문란은 전정, 군정, 환곡(환정)의 문란을 의미한다. 삼정의 문란으로 농민 수탈이 심화되었다.
② 공납은 집집마다 토산물을 부과하는 세금으로 상공·별공·진상 등이 있었다. 중앙 관청에서 군현에 물품과 액수를 부과하면, 군현에서는 집집마다 부과하는데 16세기에 납무의 어려움으로 대납, 방납 등이 성행하자, 광해군 때 이원익의 건의로 토산물 대신 쌀, 무명·삼베·동전 등으로 징수하는 대동법이 처음으로 경기도에 한해 시작되었다. 이러한 공납은 조선 후기 삼정의 문란에 해당되지 않는다.

🗨 오답풀이

① 전정(전세)은 수령들이 운송비, 손실비 등 각종 부가세를 징수하는 등 정해진 금액 이상을 수취하고, 지주는 소작농에게 전세를 전가하였다. 전정의 문란으로 진결, 은결, 도결 등 각종 폐단이 발생하였다.
③ 군정(군포, 군역)은 군역 면제자가 증가하면서 군현 단위의 공동납제가 확산되고 농민의 부담이 증가하였다. 인징, 족징, 백골징포, 황구첨정 등 각종 폐단이 발생하였다.
④ 환곡(환정)은 환곡이 세금화되고, 수령의 농간이 심화되면서 늑대, 반작 등의 폐단이 발생하였다.

전정의 문란	• 진결 : 황폐한 땅에 징세 • 은결 : 토지대장에 기록되지 않은 땅에 징세 • 도결 : 정액 이상의 세를 수취
군정의 문란	• 인징 : 도망자·실종자의 군포를 이웃에게 징수 • 족징 : 도망자·실종자의 군포를 친족에게 징수 • 백골징포 : 죽은 자에게 군포 징수 • 황구첨정 : 16세 미만 어린이에게 징수
환곡의 문란	• 늑대 : 필요 이상의 미곡을 강제로 대여 • 반작 : 허위 장부를 작성하여 대여량 줄이고, 회유량 늘림

13 답 ③

📝 **출제영역** 개화기의 역사적 사실

(가)의 영선사는 1881년에 청에 파견된 해외 시찰단이다. 청의 기기국에서 근대식 무기 제조법과 군사 훈련을 습득하였으나 재정 부족과 임오군란으로 1년 만에 귀국하여, 1883년 우리나라 최초의 근대식 무기 제조 공장인 기기창을 설치하였다.
(나)의 보빙사는 1883년에 조·미 수호 통상조약 체결 직후 미국 공사 내한에 대한 답방으로 민영익, 유길준 등이 파견되었다. 미국이 근대 시설을 사찰하고 아서 대통령을 접견하였다.
③ 1882년에 체결된 조·청상민수륙무역장정은 청 상인의 내륙 진출을 허용하는 내지 통상권을 규정하고, 청의 치외법권을 인정하였다.

💬 **오답풀이**

① 개화 정책을 총괄하는 교정청은 1894년에 설치되었다. 교정청은 1894년 3월 발생한 제1차 동학농민봉기 이후 정부와 농민군이 전주화약을 체결함에 따라 농민군은 집강소를 설치하여 폐정개혁안을 실천하고, 정부는 교정청을 설치하여 자주적 개혁을 시도하였다.
② 1880년 일본에 수신사로 파견되었던 김홍집은 황쭌셴의 『조선책략』을 가지고 돌아와, 미국과의 수교에 영향을 주었다.
④ 1889년에 발생한 함경도 방곡령 사건은 황해도 등지에 지방관이었던 조병식이 1883년에 방곡령을 규정한 조·일 통상장정에 근거하여 원산항을 통해 해외로 수출되는 콩의 유출을 1년간 금지하는 방곡령을 선포하여 일본과 외교적 마찰이 발생하였다. 일본이 방곡령 1개월 전 통고 의무 위반, 콩이 풍작이었던 점을 근거로 반발하자, 결국 방곡령을 철회하고 일본에 배상금을 지불하였다.

14 답 ②

📝 **출제영역** 교육입국조서

제시문은 제2차 갑오개혁 때 고종이 반포한 교육입국조서(1895.2)이다. 교육입국조서는 교원 양성을 위한 한성사범학교를 설립하고, 소학교 관제와 외국어 학교 관제 등을 발표하여 근대적인 교육 제도를 마련하였다.
제1차·2차 갑오개혁은 동학 농민군의 개혁 요구, 조선 정부의 교정청 설치와 같은 내적 배경과 더불어 청일 전쟁 발발 이후 일본의 내정 개혁 강요와 군대를 주둔시켜 침략 기반을 마련하기 위한 목적이라는 외적 배경으로 추진되었다.
② 교육입국조서는 1895년 8월 발생한 을미사변 이전인 1895년 2월에 반포되었다.

💬 **오답풀이**

① 갑신정변은 1884년 12월 김옥균 등 급진 개화파가 우정총국 개국 축하연을 기회로 정변을 일으켜 청에 의존하는 수구 사대당을 몰아내고 개화당 정부를 수립한 사건이다.
③ 을미사변은 1895년 8월 일본이 낭인들을 동원하여 친러 정책을 주도한 명성황후를 시해한 사건이다.
④ 아관파천은 1896년 2월 을미사변 이후 일본의 간섭과 위협으로부터 벗어나기 위해 고종이 러시아 공사관으로 거처를 옮긴 사건이다. 독립협회의 주최로 열린 만민공동회는 1898년 3월 서울 종로 네거리에서 최초로 열린 민중대회이다.

15 답 ④

📝 **출제영역** 화폐정리사업

제시문은 화폐정리사업에 대한 내용이다. 화폐정리사업은 1905년 일본의 재정 고문 메가타의 주도로 시행되었으며, 화폐(백동화)를 품질에 따라 차등을 두어 교환하는 방식으로 시행되었다.
ㄷ. 백동화는 제일은행권으로 교환되었다.
ㄹ. 일본은 화폐정리사업에 필요한 자금을 대한제국 정부에 차관을 강제 제공하였고, 이로 인해 대학제국은 거액의 국채를 지게 되었다. 국채 발생은 이후 국채보상운동(1907)의 원인이 되었다.

💬 **오답풀이**

ㄱ. 화폐정리사업은 1904년 8월에 체결된 제1차 한·일 협약에 따라 파견된 재정 고문 메가타의 주도로 추진된 일본의 경제 침탈 정책이다. 통감부는 1905년 11월 을사조약 체결로 설치되었으므로 화폐정리사업은 통감부 설치 전에 실시되었다.

ㄴ. 국가 재정을 탁지부에서 전관하도록 하는 규정은 제2
차 갑오개혁으로 탁지아문이 탁지부로 개편되면서 규
정되었다. 그러나 제대로 시행되지 못하자, 관민공동
회는 헌의 6조를 결의하여 재정을 모두 탁지부에서 관
장하고 예·결산을 인민에게 공포할 것을 주장하였다.

16
답 ④

📝 출제영역　　　　　　　　　1923년 이후의 의열단 활동

제시문은 의열단장인 김원봉의 요청으로 신채호가 작성
한 의열단 강령인 '조선혁명선언'(1923)의 내용이다.
ㄴ. 의열단원인 김지섭은 1924년 일본 도쿄 왕궁에 폭탄
을 투척하였다.
ㄹ. 의열단원인 나석주는 1926년 동양척식주식회사와 조
선식산은행에 폭탄을 투척하여 일본인을 사살하였다.

🗂 오답풀이

ㄱ. 의열단원인 박재혁은 1920년 부산 경찰서에 폭탄을
투척하였다.
ㄷ. 노인단 소속의 강우규는 1919년 사이토 총독에 폭탄
을 투척하였다.

17
답 ④

📝 출제영역　　　　　　　　　일제강점기의 한국사 연구

일제는 조선 침략과 식민 지배를 정당화하고, 한국인의 독
립 의지를 약화시키기 위해 정체성론·타율성론·반도성론·
사대성론·당파성론 등 식민사관을 강조하였다. 1925년
일제는 개인 주도로 연구되던 식민사관을 총독부 주도로
연구하기 위해 총독부 직할 기관으로 조선사편수회를 조
직하였다.
④ 조선사 편수회는 일본 우위성을 입증하고 한국인의 민
족성을 말살시키기 위한 목적으로 발족되어, 식민 사관
에 입각한 『조선사』를 편찬하였다.

🗂 오답풀이

① 민족주의 사학자인 정인보는 동아일보에 『5천년간의
조선 얼』을 연재하여, 우리 민족의 시조를 단군으로 설
정하고 민족 정신으로 '얼'을 강조하였다.
② 신채호는 고대사 연구에 초점을 맞춘 『조선상고사』, 『조
선사연구초』를 저술하여 민족주의 사학을 확립하였다.
③ 『조선사회경제사』, 『조선봉건사회경제사』를 저술한 사
회·경제 사학자 백남운은 마르크스주의 역사학에 입각
하여 한국사의 발전과정을 변증법적 역사발전 법칙에
따라 서술하였다. 우리 민족의 역사 발전은 세계사의
보편적 발전 과정과 궤를 같이 하고 있음을 주장하여,
식민사관의 정체성론을 비판하였다.

18
답 ③

📝 출제영역　　　　　　　　　　　1930년대 독립운동

1930년대에는 한국독립군, 조선혁명군, 동북항일연군, 민
족혁명당, 조선민족전선연맹과 조선 의용대 등이 활동하
며 조직적인 무장 투쟁을 전개하였다.
③ 의열단 단원인 김상옥은 1923년 독립지사들에게 잔인
한 고문을 일삼던 종로경찰서에 폭탄을 던져 큰 피해를
주었다.

🗂 오답풀이

① 1937년 동북항일연군이 함경남도 보천보의 일제 통치
기구를 공격하였다.
② 1932년 4월, 한인애국단 소속 윤봉길은 상하이 훙커우
공원에서 열린 일본군 전승 축하 행사에 폭탄을 던졌
다.
④ 1935년 조소앙의 한국독립당, 지청천의 신한 독립당,
김원봉의 의열단 등 다섯 정당·단체가 규합하여 한국
국민당이 창당되었으나, 김원봉의 독주로 조소앙과 지
청천 등이 이탈하자 김원봉 중심의 조선 민족 혁명당으
로 개편하였다. 김원봉은 1937년 조선 민족 혁명당을
중심으로 여러 단체를 연합하여 조선민족전선연맹을
결성하였다.

19
답 ①

📝 출제영역　　　　　　　　　　조선건국준비위원회

제시문은 1945년 광복과 동시에 여운형과 안재홍 중심으
로 발족한 조선건국준비위원회의 선언이다.
① 조선건국준비위원회는 북한을 포함한 전국에 145개의
지부를 설치하였다.

🗂 오답풀이

② 반민족행위처벌법은 1948년 9월 제헌국회가 제정한
민족 반역자와 친일파 처벌 법령이다.
③ 연통제를 통하여 자금을 조달한 조직은 대한민국 임시
정부이다.
④ 좌우합작위원회는 1946년 10월 좌우합작 7원칙을 통
해 통일 임시 정부 수립, 토지 개혁 실시, 친일파 처리
등의 내용을 발표하였다.

20 답 ①

📝 출제영역
현대의 경제 정책

(가)의 2차 경제개발 5개년 계획은 1967년부터 1971년까지 진행된 박정희 정부의 경제 정책이다. 경공업 위주의 정책으로 가발·섬유 산업 등 소비재 수출 산업을 육성하였고, 1970년엔 경부고속도로를 개통하는 등 사회 간접 자본을 확충하였다. 그 결과, 소득과 수출이 증대하고, 지속적인 경제 성장을 달성하였으나, 대외 의존도 심화와 외채 증가로 인해 1960년대 말 국제 경기 악화 및 원리금 상환 부담으로 경제 위기를 맞게 되었다.

(나)의 금융실명제는 1993년 김영삼 정부에서 실시한 경제 정책이다. 금융실명제는 금융 기관의 가명 계좌를 실명 계좌로 바꾸어, 금융 거래의 투명성을 확보하고 세금을 정확하게 부과하고, 불법 자금의 유통을 단속할 목적으로 시행된 제도이다.

① 1966년 박정희 정부 때 베트남 파병에 관한 브라운 각서가 체결되었다. 미국의 한국군 현대화, 한국 기업의 베트남 진출 지원, 산업화에 필요한 기술과 차관 제공 등을 약속하였다.

🗂 오답풀이

② 남북 기본 합의서는 1991년 노태우 정부 때 채택되었다. 남북 기본 합의서는 남북한 상호 체제를 인정하고 상호 불가침에 합의한 남북한 정부 간 최초의 공식 합의 문서이다.

③ 5·18 민주화운동은 1980년 전두환의 신군부가 5·17 비상계엄을 전국으로 확대하자, 전남 광주에서 비상계엄 확대에 저항하는 시위를 벌였다.

④ 남북 이산가족이 분단 이후 최초로 상봉한 때는 1985년 전두환 정부 때이다. 남북 이산가족 최초 상봉과 더불어 예술 공연단 교환이 성사되었다.

4회

01	③	02	④	03	③	04	④
05	③	06	①	07	④	08	①
09	④	10	③	11	④	12	①
13	④	14	①	15	②	16	②
17	③	18	②	19	③	20	①

01 답 ③

📝 출제영역
삼국시대의 역사적 사실

나. 백제 멸망 이후 백제 부흥운동이 전개되었는데 복신과 도침은 의자왕의 아들인 왕자 부여풍을 왕으로 추대하고 주류성에서 저항하였으며, 흑치상지는 임존성에서 군사를 일으켜 저항하였다.

다. 대가야는 초기에 전라도 동부지역(남원, 여수, 광양, 순천)까지 영토를 확장하여 새로운 교역창구로 다사강 유역(섬진강 유역)을 확보하였다.

라. 지증왕은 노동력을 확보하여 생산력을 증대시키기 위해 순장을 금지하였다.

마. 494년 문자왕 때 부여를 복속시켰으며, 광개토대왕과 장수왕에 이어 고구려의 최대 영토를 확보하였다.

🗂 오답풀이

가. 백제 성왕은 552년 노리사치계를 왜에 보내 불교를 전파하도록 하였다. 노리사치계는 왜로 건너가 불상, 경론 등을 전하여 일본 고대 아스카 문화 성립과 발전에 크게 영향을 끼쳤다.

02 답 ④

📝 출제영역
남북국의 통치 체제

④ 원성왕 대에 실시된 독서삼품과는 유교 교육기관인 국학의 학생들을 『춘추좌전』, 『논어』, 『효경』등 유교 경전의 이해 수준에 따라 상·중·하의 3등급으로 구분하여 관리로 채용하는 제도였다. 독서삼품과는 골품제에 의한 진골 귀족 위주의 인재 등용을 지양하고 학문 능력 위주의 관리 등용을 지향하고자 하였다. 그러나 골품 신분 체제와 진골 귀족의 견제로 인해 큰 실효를 거두지는 못하였다.

오답풀이

① 통일 신라는 집사부, 위화부를 비롯한 14부 관청을 두고 행정 업무를 담당하였다. 발해의 통치 제도는 당의 제도를 수용하되 발해의 독자성을 유지한 3성 6부제였다.

② 발해는 중앙군으로 10위를 두었으며, 지방군은 각지의 지방관이 지휘하였다. 통일신라는 중앙군으로 9서당, 지방군으로 10정을 두었다.

③ 신라는 각주의 1촌주 1명을 수도 금성의 여러 관청에 보내어 일정기간 근무하도록 하는 상수리 제도를 실시하였다. 상수리 제도는 지방 세력을 제도적으로 통제·감시할 목적이었으며, 훗날 고려의 기인 제도로 이어진다.

03 답 ③

📝 출제영역
고려 인종 대의 사실

제시문은 송나라 사신 서긍이 1123년에 고려를 방문하여 보고 들은 것을 기록한 『고려도경』이다. 서긍이 고려를 방문하였을 때, 고려의 왕은 인종이었다.

③ 인종 대에 국자감, 태학, 사문학, 율·서 산학, 서학 등 경사 6학을 정비하고, 지방에 향교를 증설하여 유교 교육을 확산시켰다.

오답풀이

① 고려 예종 대 속현 및 향·소·부곡 등에 현령보다 낮은 직위의 지방관인 감무를 파견하여, 지방의 향리를 견제하고 주민들을 안정시켜 중앙 집권을 강화하고자 하였다.

② 고려 숙종 대 평양에 기자를 숭배하는 기자사당을 건립하여 국가에서 제사하기 시작했다.

④ 고려 현종 대 전국을 5도 양계로 나누고 그 안에 3경 5도호부 8목을 두어 지방제도를 완비하였다.

04 답 ④

📝 출제영역
충렬왕 대의 사실

제시문은 고려의 26대 왕인 충선왕에 대한 내용이며, 선왕은 25대 왕인 충렬왕이다.

④ 충렬왕 대(1280) 원의 간섭 기구인 정동행성이 설치된 뒤, 원의 요구로 일본 원정에 참여하였다. 1274년 11월 1차로 원정군이 일본을 침략하였으나 태풍과 군사 도착 지연 등의 이유로 퇴각하였다. 1281년 2차 원정에 나섰으나 이번에도 태풍과 일본의 가마쿠라 막부의 저항, 일본 원정에 전력을 다할 수 없었던 원의 사정으로 실패하였다. 이어 3차 원정도 준비하였으나 남송에서 일어난 반란으로 인해 계획이 무산되었다.

오답풀이

① 고려 원종은 태자 시절 원나라 쿠빌라이를 만나 불개토풍의 강화를 체결하였다. 불개토풍(不改土風)이란 고려가 몽골의 속국이 되더라도 고유의 풍속을 고치지 않아도 된다는 것이다.

② 충목왕 대(1347) 정치도감(整治都監)을 두어 정치·경제·사회 등의 적폐를 개혁하고자 하였다.

③ 고려 공민왕 대 원나라 연호 사용을 중지하고 명과 통교하기 시작하였다.

05 답 ③

📝 출제영역
고려 무신 정권기

③ 의종을 폐한 인물은 이의민이다. 최충헌은 이의민을 제거하고 정권을 장악한 뒤, 명종을 폐위시키고 신종, 희종, 강종 고종을 차례로 세웠다.

오답풀이

① 최우는 해서·행서·초서 등의 글씨에 능하여, 신품 4현 중 한 명으로 손꼽혔다. 신품4현이란 신라·고려 시대의 신품이라 불릴만큼 글씨로 유명한 네 사람으로, 신라의 김생, 고려의 탄연, 유신, 최우를 말한다.

② 쌍성총관부는 고종 대(1258)에 원나라가 화주지역을 점령한 뒤 이 지역을 다스리기 위해 설치한 통치기구로, 몽골의 직속령이 되어 지배당하였다.

④ 무신정권기 초반에는 2군 6위의 지휘관인 상장군과 대장군으로 구성된 무신 합좌기구인 중방을 중심으로 국정을 운영하였다. 최충헌이 집권한 뒤에 교정도감이 최고 권력 기구로 발전하면서, 중방의 권한이 약화되게 이르렀다.

06

답 ①

📝 **출제영역** 　　　　　　　　　　　　　　　 고려의 향도

고려의 향도는 고대 불교 신앙조직에서 기원하였다. 삼국 시대 신라 김유신의 용화향도를 기원으로 보기도 한다. 고려 시대 향도의 지도자는 호장이고, 미래에 미륵불의 세계에 태어날 것을 기원하며 향나무를 묻는 매향의식을 하거나 불상, 석탑, 절, 건축 등에 동원되는 것에서 점차 농민 공동체 조직으로 변화하였다.
① 조선시대 향약은 전통적 상부상조 계 조직과 삼강오륜 유교 원리를 결합하였다.

🗨 **오답풀이**

② 고려 후기에 향도는 마을 공동체 조직으로서 상장제례를 담당하는 조직으로 변모하였다.
③ 매향은 미륵불이 더욱 빨리 이 땅에 와서 구원해 주어 미륵의 정토에서 살고 싶다는 발원을 담고 있으며, 이러한 매향 의식은 고려 후기에서 조선 전기에 향촌 공동체를 중심으로 특히 유행하였다.
④ 사천매향비는 고려 시기의 매향비 중 비문과 비석이 완전하게 남아 있는 매향비로 고려 우왕 13년(1387)에 세워졌다.

07

답 ④

📝 **출제영역** 　　　　　　　 조선 시대 군사제도(제승방략 체제)

제승방략 체제는 전쟁 혹은 변란이 일어났을 때 각 지역의 수령이 소속 군사를 이끌고 지정 장소로 집결하여 중앙에서 파견된 고위 관리 지휘관의 지휘를 받는 군사 제도이며, 을묘왜변을 계기로 외적의 대규모 침입에 대비하기 위해 편성되었다.

🗨 **오답풀이**

진관체제는 세조 대에 정비된 지방 군사 요충지에 진관을 설치하여 지방 수령의 지휘를 받아 지역 단위로 방어하는 체제로 소규모 침입 대비에 용이하다. 삼포왜란(경오왜변)은 1510년(중종 5년) 4월 4일에 제포(내이포), 부산포, 염포의 삼포에 거주하고 있던 왜인들이 일으킨 왜변을 말한다. 삼포왜란 때 비변사가 임시기구로 설치되었다.

08

답 ①

📝 **출제영역** 　　　　　　　　　　　　 조선 시대 사회·경제

ㄱ. 균역법(1750)은 영조 대에 군포를 1년에 2필에서 1필로 줄이고, 그에 대한 재정 부족분을 결작, 선무군관포, 어염세, 염세, 선세 등의 잡세로 보충한 군역 제도이다.

ㄴ. 신해통공(1791)은 정조 대에 채제공의 건의로 시행된 정책이다. 육의전을 제외한 일반시전이 소유하고 있던 금난전권을 폐지하여 자유로운 상업이 발전하는 계기가 되었다.
ㄷ. 순조 1년(1801)에 중앙 관청의 노비 6만 6천여 명을 해방하였다.
ㄹ. 흥선대원군은 삼정의 문란 중 군정의 문란을 해결하기 위해 군포를 양반도 부담하게 집집마다 부과하는 호포제(1871, 고종8)를 실시하였다.

09

답 ④

📝 **출제영역** 　　　　　　　　　　　　　 조선 후기 실학

제시문은 홍대용의 '의산문답'에서 중국 중심의 세계관을 비판하는 내용이다. 홍대용의 의산문답은 실옹과 허자 두 사람의 문답체로 되어 있으며 허자는 전통적인 조선의 학자를, 실옹은 특히 서양과학을 받아들인 새로운 학자를 대변한 것으로 볼 수 있다. 홍대용은 이 저서에서 무한 우주론과 지전(지동)설을 소개했다. 홍대용은 기술혁신과 문벌제도 철폐를 주장하여 성리학의 한계를 극복하는 것이 부국강병의 근본이라고 주장하였다. 그는 또 다른 저서인 '임하경륜'에서 균전제(성인 남성 토지 2결 지급 → 죽으면 반납)를 실시할 것을 주장하였고, 기하학의 원리를 소개하는 '주해수용', 청나라 견문록인 '연기'를 저술하였다.

🗨 **오답풀이**

① 자영농 육성을 위한 토지제도 개혁론으로 한전론을 주장한 학자는 이익이다.
　이익의 한전론 : 영업전 매매 금지(하한선), 그 외 토지 매매 허용
　박지원의 한전제 : 토지 소유 상한선 제한
② 이익은 역사에서 현실성을 중시하고 도덕보다는 시세(時勢)가 역사를 변화시킬 수 있는 원동력임을 강조하였다.
③ 인물성이론은 18세기 노론 내부의 호락 논쟁 당시 충청 지방 노론이 주장한 내용이다.
　호론 : 충청 노론, 인물성이론, 기존 신분제·지주제 옹호, 위정척사 사상에 영향
　낙론 : 서울·경기 노론, 인물성동론, 북학론의 바탕, 개화 사상에 영향

10

답 ③

📝 **출제영역**

울릉도와 독도

우리나라에서 독도의 최초 기록은 삼국사기의 이사부가 우산국을 정벌한 기록이다. 이후 동국문헌비고, 동국여지 승람, 신증동국여지승람 등에서 독도에 대한 기록을 찾아 볼 수 있고, 특히 조선 숙종 때 안용복이 일본으로 건너가 독도 영유권을 확인 받기도 하였다.

③ 조선 전기에는 울릉도와 그 주변에 살고 있는 주민을 본토로 이주시키는 공도정책을 실시하였으나, 이후 1883년부터는 주민들이 정식으로 울릉도로 이주하기 시작하였다. 이후 대한제국 시기에는 칙령 제41호를 통해 울릉도를 울도군으로 승격시키고 석도(독도)를 관할하였다.

💬 **오답풀이**

① 러·일 전쟁 당시 일본군부는 원활한 전쟁 수행을 위해서 독도를 일본의 영토로 편입시킬 것을 주장하였고, 일본 정부에서는 1905년 1월 28일 각의결정 후, 같은 해 2월 22일 '시마네현 고시 40호'를 통해 독도를 일본 영토에 편입시켰다.

② 512년(신라 지증왕 13) 하슬라주 군주 이사부가 우산국(울릉도)를 정벌하였다는 삼국사기의 기록이 최초 우리나라의 기록이다.

④ 대한제국 칙령 제 41호(1900)로 울릉도는 독립된 군(郡)으로 격상되어 울릉도·죽도·독도를 관장하는 지방 행정기관이 되었다.

11

답 ④

📝 **출제영역**

조선 시대 사회·경제

ㄷ. 부역제의 문란은 16세기부터 나타났다.

ㄹ. 16세기 부역제가 해이해지면서 나타난 납포장은 공장 안에 등록되어 공장들로부터 공장세(장인세)를 포로 징수한 수공업장을 말한다. 이는 곧 전문적으로 수공업에 종사함을 인정한다는 뜻인데, 이후 정조 때의 장인 등록제(공장안) 폐지로 이어진다.

💬 **오답풀이**

ㄱ. 종로의 시전상인은 왕실과 관청에 물품을 공급하면서 특정 상품에 대한 독점 판매권이 허용되었다. 조선 후기 17세기에 이르러 난전이 성행하자 시전상인들은 난전 활동을 금단할 수 있는 금난전권을 정부로부터 부여받았다.

ㄴ. 보부상의 기원은 이성계가 조선을 건국한 후 그 대가로 고기와 소금 등 다섯 가지 물품에 대한 전매권을 주고 임방(任房)을 설치해 준 것이 기원이라고 전해진다. 이것으로 보아 보부상은 조선 전기때부터 국가의 허가를 받은 것으로 생각해 볼 수 있다. 장시 또한 15세기 후반에 등장하여 16세기 중엽에 전국적으로 확대되었다.

12

답 ①

📝 **출제영역**

고대-조선의 수취제도

ㄱ. 신라의 민정문서는 일본 도다이사 정창원에서 발견되었다. 이 문서를 통해 신라가 국가 재정을 확보하기 위해 조세를 징수하고 노동력을 징발했음을 알 수 있다. 민정문서에 나와 있는 해당 지역은 서원경 주변 4개의 촌락(사해점촌, 살하지촌)이며, 총주가 매년 조사하고 3년마다 작성하였다.

민정 문서에는 촌락의 크기, 토지 결수, 가축의 수, 유실수, 인구, 노비 수 등이 기록되어 있다. 또한 민정 문서에서는 인구를 남녀와 연령별로 6등급으로 나누고, 인정의 많고 적음에 따라 호구를 9등급으로 나누었다. 민정문서에 나와 있는 토지의 종류로는 촌주위답(촌주의 토지, 조세 면제), 내시령답(중앙 장관 및 지방관에게 지급), 관모답(관청 운영 경비), 연수유답(민전), 마전(주민 공동 경작 토지)가 있다.

ㄴ. 고려 재정의 관리는 호부에서 인구와 토지를 파악하여 조세 부과 기준을 마련하고 삼사에서 재정 수업 관련하여 화폐와 곡식의 출납을 담당하며, 실제 조세 수취와 집행은 각 관청에서 담당한다.

💬 **오답풀이**

ㄷ. 군인전은 고려의 전시과의 한 종류로 직업군인에게 군역의 대가로 지급한 세습이 가능한 토지이다.
cf) 조선 시기 군전 : 지방 거주 한량품관에게 지급된 토지 (군인전 ×)

ㄹ. 균역법(1750)은 영조 대에 군포를 1년에 2필에서 1필로 줄이고, 그에 대한 재정 부족분을 결작, 선무군관포, 어염세, 염세, 선세 등의 잡세로 보충한 군역 제도이다.

13 답 ④

📝 **출제영역** 조선 시대 건축물

④ 법주사 팔상전은 대한민국에 현존하는 최고의 목조탑으로 임진왜란 때 불타 없어졌다가 1624년(인조 2년)에 사명대사가 재건한 것으로 전해진다. 팔상전은 사리와 사리장엄구가 발견되어 금산사 미륵전과는 달리 탑이라 불린다.

📑 **오답풀이**

① 금산사 미륵전은 거대한 미륵존불을 모신 법당으로 용화전, 산호전, 장륙전이라고도 한다. 정유재란 때 화재로 인해 소실되었으나 조선 인조 13년(1635)에 다시 지은 뒤 여러 차례의 수리를 거쳤다. 건물 안쪽은 3층 전체가 하나로 터진 통층이며, 제일 높은 기둥을 하나의 통나무가 아닌 몇 개를 이어서 사용한 것이 특징이다.

② 경천사 10층 석탑은 고려 충목왕 4년 (1348년) 경천사에 세워진 원나라의 영향을 받은 석탑이다.

③ 봉정사 극락전은 현존하는 최고 주심포 목조 건축물이다.

14 답 ①

📝 **출제영역** 조선시대 과거제

조선 시대 과거제는 크게 문과와 무과와 잡과가 있다. 문과는 크게 소과, 대과로 나뉘며, 소과의 응시자격은 지방 향교 및 서원 학생이다. 소과는 생원시(유교 경전)와 진사시(문학 시험)로 나뉘며, 초시와 복시로 이루어진다. 대과는 소과에 합격한 사람은 성균관에 입학하거나 대과 응시 자격이 주어진다. 대과는 초시와 복시, 전시로 진행된다. 복시에서 선발된 33명의 등수를 매기는 시험이 전시이며 전시에서의 탈락자는 없다. 무과는 대과만 있으며, 대과에서 초시, 복시, 전시로 진행된다. 잡과는 초시와 복시만 치르며, 해당 관청 주관으로 실시한다. 이러한 과거 시험은 식년시라고 하여 정기적으로 행해졌으나 알성시(국왕의 성균관 행차시 1회), 중광시(국가 경사시) 등 별도로 행해지는 별시도 있었다. 소과에서의 초시는 각 도의 인구 비례로 선출하지만 소과의 복시는 실력을 기준으로 100명을 선발한다.

📑 **오답풀이**

② 문과(대과)의 최종 합격자는 전시에서 지역과 관련 없이 성적에 따라 장원, 갑, 을, 병으로 나뉘어 각 등급에 맞는 관품을 받는다.

③ 복시에서 문과(대과)의 합격 정원은 33명, 무과의 합격 정원은 28명이다.

④ 문과, 무과 모두 초시, 복시, 전시를 시행하였다.

15 답 ②

📝 **출제영역** 조선시대 책

ㄱ. 영조 시기 정상기가 지은 최초의 백리척을 사용한 지도는 동국지도이다. 동국여지도는 숙종 때 윤두서가 한반도 전체를 그린 지도이다.

ㄹ. 정조시기 수원 화성 건설과정을 기록한 책은 화성성역의궤이다. 고금도서집성은 18세기 청나라에서 편찬한 유서(백과사전)이다.

📑 **오답풀이**

ㄴ. 영조시기 경국대전의 총 213항목 중 76항목을 제외한 137항목을 개정, 증보하여 속대전을 편찬하였다.

ㄷ. 발해고는 조선후기 학자 유득공이 발해의 역사, 문화에 대한 내용을 엮어 1784년에 저술한 최초로 남북국 시대를 언급한 역사서이다.

16 답 ②

📝 **출제영역** 국채 보상 운동(1907)

제시문은 국채 보상 운동 취지문의 내용이다. 국채 보상 운동은 조선이 근대화 정책과 관련된 차관을 일본으로 도입하여 대한 제국 재정이 일본으로 예속된 것을 배경으로 일어났다.

② 이 운동은 대구에서 서상돈이 국채 보상 운동을 제창하였고, 서울에서 국채 보상 기성회가 조직되어 언론 및 전국 계몽 운동 단체가 호응하였다. 이후 통감부의 탄압과 방해로 중단되었다.

📑 **오답풀이**

① 한일 신협약(정미 7조약)의 주요 내용은 차관(일본인) 정치, 통감부의 내정간섭 심화(신문지법, 보안법 제정) 등이다.

③ 김광제·서상돈은 1907년 2월 21일자 『대한매일신보』에 "국채 1천 3백만 원은 바로 우리 대한제국의 존망에 직결되는 것으로 갚지 못하면 나라가 망할 것인데, 국고로는 해결할 도리가 없으므로 2천만 인민들이 3개월 동안 흡연을 폐지하고 그 대금으로 국고를 갚아 국가의 위기를 구하자"고 말했다. '1,000만이 1원씩'이라는 구호 아래 모금 운동을 전개한 것은 민립 대학 설립 운동이다.

④ 국채 보상 운동을 후원한 언론으로는 대한매일신보, 만세보, 황성신문, 제국신문이 있다.

17 답 ③

📝 출제영역 　　　　　　　　　조선 총독부 식민지 정책

③ 1920년대 조선총독부의 식민지 정책의 주요 내용은 문관 총독 임명 가능, 보통 경찰제 도입, 치안유지법 시행, 도 평의회, 부·면 협의회 등 설치, 신미 증식 계획, 관세 철폐, 신은행령, 제2차 조선 교육령, 언론·출판·집회·결사의 자유 허용 등이 있다.

📄 오답풀이

① 조선 식산은행은 1918년 10월에 대한제국 말기에 설립된 한성농공은행 등 농공은행 6개를 합병해 설립되었다.

② 1922년에 일제가 공포한 제2차 조선 교육령의 주요 내용은 보통학교 6년, 조선어 필수과목, 대학설립 허용이다.

④ 1941년 12월 태평양전쟁에 돌입하자 일본정부는 각종 임시응급 조치들을 정리 통합하고 항구적인 식량관리 제도를 확보한다는 명분하에 1942년 2월 「식량관리법」을 제정하여 식량에 대한 국가관리체제를 확립하였다(1942년 7월 1일 시행).

18 답 ②

📝 출제영역 　　　　　　　　　1908년 이전의 역사적 사실

제시문은 신채호가 1908년에 <대한매일신보>에 연재한 『독사신론』이다.

② 1907년 을사늑약의 무효와 일본의 침략 행위를 세계에 알리고자 이상설, 이준, 이위종 등이 헤이그 특사로 파견되었다.

📄 오답풀이

① 치안유지법은 1925년에 독립운동가 및 사회주의자를 탄압하기 위한 목적으로 시행되었다.

③ 1911년 신민회는 서간도 삼원보에 독립군 양성을 위한 신흥 강습소를 설립하였다.

④ 1909년 안중근은 을사늑약 체결에 대한 반발로 만주 하얼빈역에서 초대 통감 이토 히로부미를 사살하였다.

19 답 ③

📝 출제영역 　　　　　　　　　해방 후 남북한 단독 정부 수립

제시문은 인구 비례에 의한 남북한 총선거를 실시하기 위해 유엔 한국 임시 위원단을 파견한다는 유엔 총회 결의와 관련한 내용(1947. 11.)이다. 이에 소련과 북한에서는 유엔 한국 임시 위원단의 방문을 거절하였고, 이후 유엔 소총회 결의(1948.2.)에서 선거가 가능한 지역에서 총선거를 실시하기로 결정되었다.

③ 제1차 미소 공동 위원회가 결렬(1945. 12.)된 후 미군정이 중도 세력을 지원하여 여운형, 김규식 등 중도파를 중심으로 좌우합작 위원회를 조직하고, 좌우합작 7원칙을 발표한 후 남조선 과도 입법 의원을 구성하였다(1946. 12.).

📄 오답풀이

① 1948년 5월 10일에 우리나라 최초의 보통(21세 이상 국민)·평등·직접·비밀 선거인 5.10 총선거는 임기 2년의 제헌 국회의원 198명 선출하였다. 북한 지역은 선거에서 제외되었고, 제주도 3개 선거구 중 2곳은 제주 4.3 사건이 진행 중이기 때문에 무효였다.

② 제헌 헌법이 공포된 것은 5.10 총선거가 실시되고 난 이후의 일이다.

④ 5.10 총선거 실시 이후 유엔 총회에서 대한민국 정부를 한반도 내 유일한 합법 정부로 승인하였다.

20　답 ①

📝 출제영역　박정희 정권기 경제 개발

이승만 정부 때 경제개발 7개년 계획이 작성되었고 장면 내각이 5개년 계획으로 수정한 것을 5·16 군사정변 이후 군사 정부에서 처음으로 실시하였다. 제1차·제2차 경제 개발 5개년 계획(1962~1971)은 경공업 위주의 정책으로 소비재 수출 산업을 육성하였고, 경부 고속도로를 개통(1970)하는 등 사회 간접 자본을 확충하였다. 그 결과 소득과 수출이 증대되고 지속적인 경제 성장을 달성하였으나, 대외 의존도가 심화되고, 외채 증가 등으로 1960년대 말 국제 경기 악화와 원리금 상환 부담에 의한 경제 위기가 도래되게 되었다.

① 박정희 정부는 경제개발 5개년 계획을 처음 실시하였다.

🗨 오답풀이

② 김영삼 정부 때, 외환 보유고 부족으로 IMF 위기를 맞이하였다.

③ 한·일협정(1965)과 베트남파병(1964~1973)은 미국의 한·미·일 안보 체제 강화하여 반공 전선을 확고히 하고자 하는 의도와 더불어 경제 개발에 필요한 자본을 마련하기 위한 목적으로 시행되었다. 한·일 협정으로 일본 차관을 들여왔으며, 베트남 파병으로 베트남 특수를 누려 우리나라 경제 개발에 크게 기여하였다.

④ 전두환 정부 때인 1980년대 중반 이후 3저 호황(저유가·저금리·저달러)으로 물가가 안정되고 수출이 증가하여, 10%이상 높은 성장률을 기록하였다.

5회

01	③	02	②	03	④	04	③
05	④	06	③	07	①	08	③
09	③	10	③	11	④	12	③
13	④	14	①	15	①	16	②
17	④	18	②	19	④	20	③

01　답 ③

📝 출제영역　고대 사회의 특징(고구려)

제시문은 고대 사회의 특징 중 고구려의 서옥제에 대한 내용이다. 초기 철기 국가 시기 고구려는 지배층은 형사취수제, 서옥제 등의 혼인 풍습이 있었고, 도둑질한 자는 12배로 배상하도록 하였다. 제천행사로는 10월에 동맹(극동대혈에서 제사)이 있으며, 초기 주요 무덤 양식으로 돌무지무덤 양식이 많았다.

③ 흉년이 들면 그 책임을 왕에게 돌려 교체하고자 하든지 혹은 죽이자고 하였다는 것은 부여의 특징이다.

🗨 오답풀이

① 고구려는 초기 국가 시기부터 옥저를 정복하고 공물을 받았으며, 2세기 태조왕 대에는 동옥저를 정벌하여 함흥평야 일대 및 동해안으로 진출하였다.

② 관나부인은 고구려 제12대 중천왕의 후궁이다.

④ 고구려의 귀족 세력은 상가, 고추가, 대로(대가)로 불렸으며, 그 밑에 사자, 조의 선인등을 두었다.

02　답 ②

📝 출제영역　고대-조선의 대외 경제

발해의 교통로는 동경 용원부의 일본도(일본), 남경 남해부의 신라도(신라), 서경 압록부의 조공도(당), 장령부는 영주도(당), 부원부의 거란도(거란)가 있다.

② 신라도는 발해와 신라의 교통로이다.

🗨 오답풀이

① 고대의 대외 교류 정리
　1) 고조선 : 위만조선 대에 철기를 본격적으로 수용하고 중계 무역을 독점
　2) 삼한 중 변한 지방에서는 철이 많이 생산되어 낙랑과 왜에 수출
　3) 고구려 : 중국 남북조·북방 민족(금, 은 모피류 수출), 왜(해표피, 모피류 수출)

4) 백제 : 중국 남조(인삼, 직물류 수출), 왜(곡물, 비단) 무역

5) 신라 : 고구려와 백제 통해 중국과 교역 → 한강 진출 후 당항성을 통해 중국과 직접 교역 왜(곡물, 비단) 무역

③ 고려의 대일 무역은 11세기 후반부터 내왕하였으나 정식 국교는 맺지 않았다. 고려는 일본으로부터 유황과 수은을 주로 수입하였다.

④ 조선왕조실록에 류큐 왕국은 유구국이라고 기록되어 있으며, 조선에 꾸준히 사신과 예물을 보냈다. 조선 초기 조선에 방문한 동남아국가는 섬라곡국·조와국·구변국 등 세 나라가 있다.

03

답 ④

📝 출제영역
백제 성왕

제시문은 백제 성왕의 사비 천도와 국호를 남부여로 바꾼 내용이다. 백제의 성왕 사비로 천도하고 남부여로 국호를 바꿨다. 그리고 중앙 관제를 22부, 수도에 5부, 지방에 5방(방령)을 설치하여 통치 체제를 정비했다.

④ 성왕은 노리사치계를 일본에 보내 불교를 전파하였고, 신라의 진흥왕과 연합하여 한강 하류를 회복하였으나 신라의 배신으로 한강 하류 지역을 빼앗기고, 관산성 전투에서 사망하였다.

🗨 오답풀이

① 백제의 왕흥사(부여)는 삼국사기 삼국유사 등 문헌에 법왕 2년(600)에 창건되어 무왕 35년(634)에 낙성되었다.

② 무령왕은 22담로에 왕족을 파견하여 지방을 통제하였다.

③ 무령왕 시기에 신라 법흥왕과 대가야가 혼인 동맹을 맺었다.
   cf) 무령왕의 정책
   1) 남조(양)와 외교 강화(무령왕릉 – 남조의 영향을 받은 벽돌 무덤)
   2) 섬진강 유역 차지 및 대가야 압박 → 신라의 법흥왕과 대가야가 혼인 동맹
   3) 22담로에 왕족을 파견하여 지방 통제
   4) 단양이, 고안무를 일본에 보내 유교 경전 전파

04

답 ③

📝 출제영역
신라의 토지 제도

신라의 토지 제도는 식읍(호), 녹읍(결), 관료전, 정전이 있다.

1) 식읍(호) : 왕족과 공신에게 지급, 노동력 징발 가능, 수조권 지급, 조선 세조때 폐지

2) 녹읍(결) : 관리에게 지급, 노동력 징발 가능, 수조권 지급, 고려 태조대 폐지

3) 관료전 : 관리에게 지급, 노동력 징발 불가능, 수조권 지급, 고려 태조대 폐지

4) 정전 : 백성에게 지급, 경작권 인정해서 수취제도 편입

5) 변천
   (1) 신문왕 : 관료전 지급(687) 후 녹읍 폐지(689)
   (2) 성덕왕 : 정전 지급(722)
   (3) 경덕왕 : 녹읍 부활(757)

05

답 ④

📝 출제영역
최치원

제시문은 신라 말 최치원의 글인 해인사 묘길상 탑기의 내용이다. 최치원은 6두품 출신으로 당나라로 유학하여 빈공과에 급제하였다. 그는 이후 신라로 돌아와 진성여왕에게 시무 10여조를 건의하고 아찬에 올랐으나 진골 귀족들의 반대로 그의 개혁안은 받아들여지지 않았다. 그의 저술로은 계원필경, 제왕연대력, 사륙집, 해인사 묘길상탑기, 난랑비문(풍류도), 토황소격문, 4산비문(지증대사비, 진감선사비, 대숭복사비, 낭혜화상비)가 있다.

🗨 오답풀이

④ 신문왕에게 화왕계를 바친 사람은 설총이다. 또한 설총은 이두를 정리하여 한문 교육 보급에 공헌하였다.

06
답 ③

📝 출제영역
삼국시대 및 통일신라 시대의 유교

통일신라시대 신문왕은 유교 교육을 강화하기 위해 국학을 설치(682)하였다. 이후 국학은 경덕왕 대에 명칭이 태학 또는 태학감으로 바뀌었다가 혜공왕때 국학으로 명칭이 다시 바뀌었다.
③ 당나라로부터 공자와 그 제자들의 화상을 들여와서 문묘에 안치시킨 왕은 성덕왕이다.

🗂 오답풀이

① 백제는 5경 박사, 의박사, 역박사를 두어 유교 경전과 기술학 교육을 담당하였다.
② 고구려는 수도에 태학(소수림왕)을 두어 귀족 자제들에게 유교 경전과 역사서를 가르쳤고, 지방에 경당(평양 천도 이후)을 두어 평민 이상을 대상으로 유학과 무술을 가르쳤다.
④ 원성왕은 독서삼품과를 실시하여 관리를 유교 경전 이해 수준을 시험하고 그에 따라 관리를 3등급으로 나누어 등용하려 하였으나 진골 귀족들의 반발로 실패하였다.

07
답 ①

📝 출제영역
고려시대의 신분제도

고려시대의 양민들 중 신분은 양민이나 천민의 일을 담당한 계층들을 신량역천이라고 불렀다. 이들은 생선간(어업), 염간(염전), 목자간(목축), 봉화간(봉수군), 화척(수척, 도살업 종사, 여진족 귀화인), 진척(뱃사공), 재인(광대) 등이 있었다.
① 화척, 재인, 양수척은 고려초부터 있어 왔는데 여진족이나 거란족의 후손으로 여겨지며 호적에 등재되지 못하고 역도 부과되지 않았다.

🗂 오답풀이

② 고려 시대 때 중앙 귀족은 죄를 지으면 낙향하여 향리로 격하되기도 하였다.
③ 고려의 백정은 특정한 직역을 부담하지 않고 주로 농업에 종사하던 농민층을 말한다.
④ 고려의 중류층은 6품 이하의 하급 관료로 직역을 세습하거나 호족 출신의 상층 향리 계층으로 지방의 실질적 지배층이었다. 남반은 궁중 실무 관리를 담당하였다.

08
답 ③

📝 출제영역
역대 군사 조직(고려-조선)

ㄴ. 몽골 침입기 삼별초는 강화도에서 진도(용장산성) 그리고 제주도(항파두리성)으로 본거지를 옮기며 몽골군에 항쟁하였다. 한때 남해안을 장악하며 일본과 연합을 시도(고려첩장)하기도 하였으나 여몽 연합군에 의해 진압되었다(1273).
ㄷ. 조선 시대 태종 대에 설치된 잡색군은 유사시에만 동원되는 예비군으로 서리, 잡학인, 신량역천인 등이 소속되었다.
ㄹ. 임진왜란중 수도 한성부의 방위를 위해 설립(1593)된 중앙군이다. 이들은 삼수병(포수, 사수, 살수)로 구성되었으며, 직업적 상비군으로 삼수미세를 받았다. 조선은 훈련도감 군병의 부족한 급료를 보충하기 위해 도감군들의 상행위를 허용하면서, 이들은 조선 후기 면포와 수공업제품의 판매를 통해 난전에 가담하였다.
ㄱ. 조선 시대의 속오군은 임진왜란 중인 1594년(선조 27)년에 유성룡의 건의로 편성되었다. 속오군은 역(役)의 유무와 신분에 관계없이 총동원 체제로 편성된 군대로 거주지에서 일정 기간 훈련받고 유사시에만 영장(營將)에 의해 지역 방어에 동원되는 군사 형태였다.

09
답 ③

📝 출제영역
조운 제도

③ 조운은 고려와 조선시대에 수운을 이용하여 조세로 거둬들인 곡물을 경창으로 운송하는 제도이다. 고려 시대에는 조세를 각 군현 농민들을 동원하여 조창까지 운반하고 조운을 통해 개경까지 운반하여 경창(광흥창 - 관리 녹봉 지급, 풍저창 - 국가 행사)에 보관하였다. 양계 지역의 조세는 개경으로 운송하지 않고 자체 소비를 하였다.
조선시대도 고려와 비슷하게 각 군현에서 조세를 거둬들여 조운을 통해 서울의 경창에 집결하였다. 지방의 대표적인 창고로 가흥창(충주), 응원창(원주), 소양강창(춘천), 공진창(아산)이 있으며, 함경도(군사), 황해도(사신 접대), 제주도(운송 불편)는 잉류지역으로 조세를 자체적으로 소비하였다.

🗂 오답풀이

① 고려시대에는 양계 지역, 조선시대에는 함경도, 황해도, 제주도에서 조세를 현지 경비로 사용하였다.
② 조창 지역에 거주하는 주민들은 조창을 드나드는 세곡의 보관 및 운송과 관련된 실무를 담당하였을 것으로 추정한다.

④ 가흥창은 조선시대 충주에 설치되었던 조창이다. 가흥 창은 충청도와 경상도 군현의 조세를 보관하고 수송하 는 거점으로서 기능하였고 전국 9개의 조창 중 가장 큰 규모의 조창이었다.

10

답 ③

📝 **출제영역** 　조선 시대 법전

조선의 법전의 종류는 대표적으로 먼저 정도전의『조선경 국전』, 조준, 하륜 등이 저술한 조선 최초의 성문법전인 『경제육전』, 성종 대의『경국대전』, 영조 대의『속대전』, 정조 대의『대전통편』, 고종 대의『대전회통』, 『육전조례』 가 있다.

💬 **오답풀이**

① 경국대전은 세조 대에 형전과 호전을 완성하고, 성종 대에 6전 체제를 완성하였다(1485).
② 대한국국제는 대한제국이 자주독립국으로서 근대적 주권국가임을 대외적으로 선포하고, 대내적으로 황제 권의 내용을 공법에 의거하여 구체적으로 명시하였다.
④ 속대전은 경국대전을 보완하기 위해 영조 대에 편찬하 였다.

11

답 ④

📝 **출제영역** 　조선시대 사회 문화

제시문 (가)의 궁궐에 신문고를 처음 설치한 왕은 조선의 태종이다. 제시문 (나)의 군사제도를 익군체제에서 진관 체제로 바꾼 왕은 조선의 세조이다.
　ㄴ. 세종 대의 일본과의 무역 관계
　　1) 강경책 : 대마도 정벌(1419, 이종무)
　　2) 회유책
　　　(1) 3포 개항(1426) : 부산포, 내이포, 염포의 3개의 항구를 개항
　　　(2) 계해약조(1443) : 세견선 50척, 세사미두 200 석
　ㄹ. 연산군 때 김일손이 사초에 조의제문을 실은 것이 발 단이 되어 무오사화가 발생하였다.
　　1) 무오사화(1498) : 조의제문을 실은 사초 문제
　　2) 갑자사화(1504) : 폐비 윤씨 사건
　　3) 기묘사화(1519) : 위훈삭제로 인한 훈구파 반발, 주 초위왕 사건
　　4) 을사사화(1545) : 외척 간의 갈등, 소윤vs대윤

💬 **오답풀이**

ㄱ. 역대 시문 133편을 엄선해 모은 문집인 동문선은 성종 때 서거정이 편찬하였다.
ㄷ. 세종 때 편찬한 삼강행실도는 홍신, 효자, 열녀등의 행 적을 그림과 설명을 붙인 윤리서이다.

12

답 ②

📝 **출제영역** 　조선 후기 학문(천주교)

제시문의 (가)는 이수광의 지봉유설에서 마테오 리치의 천주실의를 소개하는 내용이다. 이수광은 광해군 대의 인 물로 그의 저서인 지봉유설은 최초의 문화백과서전으로 서구 문명을 최초로 소개하고, 천주교와 교황을 기술하였 다. (나)는 이승훈이 조선인 최초로 천주교 세례를 받는 내 용이다. 신유박해(1801)때 이승훈은 청나라 신부 주문모 와 같이 처형당하였다.
② 시헌력은 효종 대 김육의 건의로 도입되었다.

💬 **오답풀이**

① 정약용은 신유박해(1801)때 강진으로 유배를 갔고, 그 곳에서 목민심서 등과 같은 책을 저술하였다.
③ 세도정치기인 순조 대에 홍경래는 우군칙 등과 함께 서 북지역 차별을 이유로 가산·정주 등지에서 난을 일으 켰다(1811).
④ 흥선대원군이 집권할 당시 병인양요(1866)가 일어나 자 양헌수 부대가 정족산성에서, 한성근 부대가 문수산 성에서 프랑스군을 격퇴하였다.

13

답 ④

📝 **출제영역** 　조선 시대 군사 제도

조선 시대 군사 제도는 중앙군은 궁궐과 서울을 방어하는 5위와 5군영(훈련도감, 어영청, 총융청, 수어청, 금위영)이 있다. 지방군으로는 영진군, 잡색군, 진관체제, 제승방략 체제, 속오군 체제가 있다.
④ 수어청은 경기 남부와 남한산성을 수비하는 군대이고 궁궐을 수비하는 군대는 금위영이다.

💬 **오답풀이**

① 5위 도총부는 궁궐과 서울을 방어하는 군대로 정군+ 갑사+특수군으로 구성되었다.
② 세조 대에 지방 군사 요충지에 진관을 설치하면서 진관 체제가 확립되었다. 진관 체제는 지역 단위(수령 지휘) 방어 체계로 소규모 침입 대비에 용이하다.
③ 속오군 체제는 임진왜란을 계기로 설치되었다. 평상시 에는 생업을 하고, 농한기에는 군사 훈련을 하여 유사 시 동원하는 체제로 양반부터 노비까지 모두 편제되었 다(양천혼성군).

14 답 ①

📝 **출제영역**　　　　　　　　　　동학 농민 운동, 갑오개혁

우금치 전투는 동학 농민 운동의 제2차 봉기 당시의 전투이다. 동학 농민군의 2차 봉기의 배경은 전주 화약 체결 후 조선 정부는 청과 일본군에 철수를 요구하였고, 일본군이 경복궁을 기습 점령한 후 1차 갑오개혁을 강요하고 청일 전쟁을 일으키자 동학 농민군이 삼례에서 재봉기 하였다(1894.9.). 이들은 논산에서 집결한 뒤 공주 우금치에서 관군과 일본군, 민보군의 진압군에게 패배하였고, 전봉준 등 농민군 지도자가 체포되고 잔여 세력이 진압되면서 끝이 났다.
① 개국기년을 사용한 것은 1차 갑오개혁(1894.7.) 때이다.

📑 **오답풀이**

② 건양 연호 사용은 3차 갑오개혁인 을미개혁 때 이루어졌다.
　cf) 을미 개혁 내용
　1) 정치 : 태양력 사용, 건양 연호 사용
　2) 사회 : 단발령 실시, 종두법 실시, 소학교 설립, 우체사 설치
　3) 군사 : 친위대(중앙)·진위대(지방) 설치
③ 홍범 14조는 제2차 갑오개혁 때 반포되었다.
　cf) 제 2차 갑오개혁 내용
　1) 정치 : 의정부→내각, 8아문→7부(공무+농상아문→농상공부), 8도→23부, 재판소 설치
　2) 사회·경제 : 교육입국조서 반포, 관립학교 설립, 탁지부 산하 관세사 징세서 설치
　3) 군사 : 훈련대, 시위대 설치
④ 지방제도가 23부 337군으로 개편된 때는 제2차 갑오개혁 때이다.

15 답 ①

📝 **출제영역**　　　　　　　　　　　근대 이후 해외 이주

대한제국은 1902년에 간도시찰원을 파견하고 1903년에 이범윤을 북간도관리사로 임명하였다. ① 통감부에서는 1907년에 간도 용정촌에 통감부 간도출장소를 설치하였다. 이후 간도 협약을 통해 청나라에게 간도 영유권을 내주고, 일본은 남만주 철도 부설권을 획득하였다.

📑 **오답풀이**

② 1910년대 국외 독립운동기지(연해주)
　1) 성명회(1910) : 이상설, 이범윤
　2) 권업회(1911) : 권업신문 발행, 한민학교, 대한 광복군 정부 설립, → 전로한족회로 개편
　　3) 대한 광복군 정부(1914) : 이상설, 이동휘, 권업회 회원이 설립, 이후 전로한족회 중앙　총회(1917) → 대한 국민 의회(1919)가 됨
③ 대한독립선언서는 만주 길림에서 발표된 독립선언서이다. 3·1 운동 당시 발표된 독립선언서와 구별하기 위해서 무오독립선언서라고도 한다.
④ 1910년대 국외 독립운동기지(북간도)
　1) 간민회(1913) : 김약연, 이상설, 명동학교(이전 서전서숙)
　2) 중광단(1911) : 대종교 단체, 무장 투쟁 전개, 이후 대한정의단(1919)
　3) 북로군정서(1919) : 대종교 계열 무장 단체

16 답 ②

📝 **출제영역**　　　　　　　　　　일제의 경제수탈정책

1920년대 조선총독부의 식민지 정책의 주요 내용은 문관 총독 임명 가능, 보통 경찰제 도입, 치안유지법 시행, 도 평의회·면 협의회 등 설치, 신미 증식 계획, 관세 철폐, 신은행령, 제2차 조선 교육령, 언론·출판·집회·결사의 자유 허용 등이 있다.
② 1920년대 일본 자본의 조선 진출 요구가 커지자, 조선 총독부는 회사의 설립과 해산을 허가제에서 신고제로 변경하였다.

📑 **오답풀이**

① 1910년대 토지조사사업(1910 - 1918)
　1) 목적 : 일본인 토지 소유 확대, 지세 확보, 근대적 토지 소유권 확립
　2) 기한부 신고주의 → 토지 등급·지적·결수·지목 신고
　3) 토지 소유권만 인정 → 농민의 관습적 경작권, 입회권, 도지권 등 불인정
　4) 소유권이 불분명한 역둔토(역 소유, 관공서 토지), 궁장토(왕실 소유) 국유지 편입
③ 일본의 산업화로 인한 일본 내 식량 확보 목적으로 시작된 산미 증식 계획으로 인해 쌀 생산량이 증대하였으나 증산량 대비 반출량이 많아 1인달 쌀 소비량이 감소하였다. 또한 농민들에게 수리 조합비, 비료 대금 등을 전가하여 소작 쟁의가 일어났다.

④ 1930년대 일본은 대공황 위기 타계, 전쟁 대비 군수 물자·인력을 수탈하기 위해 병참기지화 정책을 펼쳤다. 일본은 자급자족할 수 있는 경제권을 형성하기 위해 산업 개발 정책으로서 농공 병진 정책을 실시했고, 그에 대한 정책이 남면북양 정책이다.

17　　　　　　　　　　　　　　　　답 ④

📝 출제영역　　　　　　1920-30년대 국외 무장독립 투쟁

ㄱ. 남만주 : 조선혁명군(양세봉), 중국의용군과 연합, 영릉가·흥경성 전투
　　북만주 : 한국독립군(지청천), 중국호로군과 연합, 쌍성보·사도하자·대전자령·동경성 전투
ㄴ. 간도 참변 이후 독립군들은 밀산부에서 대한독립군단으로 재편되어 소련으로 이동하였다. 그 무렵 러시아에서는 적백내전이 진행중이었다. 독립군은 민족의 독립운동을 지원하겠다는 러시아 적군의 약속을 믿고 러시아의 자유시로 이동하였다. 자유시에 집결한 독립군 부대 내에서 통합 지휘권을 놓고 내분이 발생하자 적군과 일부 독립군이 무장 해제를 요구하였다. 대다수 독립군들이 이에 반발하였고, 결국 적군과 이들을 지지하는 독립군이 나머지 독립군을 공격하였다(자유시 참변).
ㄷ. 1920년대 만주 지역에 만들어진 자치 정부
　　1) 참의부(1923) : 대한민국 임시 정부 직할대
　　2) 정의부(1924) : 지청천·양기탁 등
　　3) 신민부(1925) : 김좌진 등, 대종교 계열 주축
ㄹ. 청산리전투는 1920년 10월 김좌진,나중소,이범석이 지휘하는 북로군정서군과 홍범도가 이끄는 대한독립군 등을 주력으로 한 독립군부대가 독립군 토벌을 위해 간도에 출병한 일본군을 청산리 일대에서 10여 회의 전투 끝에 승리한 전투이다.

18　　　　　　　　　　　　　　　　답 ②

📝 출제영역　　　　　　　　2차 세계 대전 시기 정상회담

제시문은 2차 세계 대전 시기 카이로 회담(1943. 11)의 내용(한국의 독립을 최초로 약속, 적당한 시기)이다.
② 해방 이후 미국과 소련은 모스크바 3국 외상 회의를 통해 한반도에 미소공동위원회를 설치하고, 최고 5년간 신탁 통치를 실시할 것을 결정하였다(1945.12.).

📖 오답풀이

① 중일전쟁 발발 이후 일본은 인적·물적 자원을 총동원하기 위해 국가 총동원법을 공포하였다(1938.4.).

③ 임시정부는 조소앙의 삼균주의에 입각하여 건국강령을 발표(1941.11.)하고, 태평양 전쟁이 발발하자 일본에 대일선전포고(1941.12.)를 하였다.
④ 임시정부는 내부적인 문제를 해결하기 위해 조직 개편이 필요하다고 여겨 1923년 1-6월 기간 동안 상하이에서 국민 대표 회의를 소집하였다.

19　　　　　　　　　　　　　　　　답 ④

📝 출제영역　　　　　　　　　1930년대 국내외 독립운동

중국 관내에서 창설된 최초의 한인 군사 조직인 조선 의용대는 1938년에 창설되었다. 이후 이들은 분화되어 일부는 김원봉 지휘 아래 한국광복군(대한민국 임시 정부)에 합류하였고(1942), 또 다른 일부는 조선의용대 화북지대가 되어 중국 공산당의 팔로군과 연합 작전을 펼쳤다.
④ 대표적인 전투인 태항산 전투는 1941년부터 1943년 사이 조선의용대 화북지대가 중국 타이항산맥 일대에서 일본군과 싸운 전투이다.

📖 오답풀이

① 1930년대 한중 연합 작전 무장 투쟁
　　북만주 : 한국 독립군(이청천)+중국호로군 연합, 쌍성보, 사도하자, 대전자령, 동경성 전투
　　남만주 : 조선 혁명군(양세봉)+중국의용군 연합, 영릉가, 흥경성 전투
② 1930년대 이후 국내의 노동 운동과 농민 운동은 비합법적 혁명적 조합 운동으로 바뀌었다.
③ 조선학 운동은 1930년대 일제의 식민 사관과 식민 지배 이데올로기에 대항하여, 서구 문명을 맹목적으로 수용하는 경향과 민족을 경시하는 일부 공산주의 사상 경향을 비판하면서 한국 역사와 문화의 독자성과 주체성을 탐구하고 근대 민족 국가 수립의 가능성을 실학에서 찾으려고 했던 운동이다. 정인보, 안재홍 등이 중심이 되어 정약용의 실학을 집대성하고 여유당 전서를 출간하였다.

20 답 ③

📝 출제영역 현대 대한민국 정치

ㄷ. 1960년 3.15. 부정선거 규탄 시위가 일어나는 도중 마산에서 최루탄이 박힌 김주열 시신이 발견되었고 (4.11.), 이후 시위가 전국적으로 확대되었다.

ㄱ. 4.19 혁명 이후 내각 책임제와 양원제 국회를 주요 내용으로 한 헌법 개정이 이루어지고 총선거가 실시되어 장면내각이 성립되었다(1960.8.).

ㄴ. 1972년 10월 17일, 박정희 대통령은 대통령 특별선언을 발표해 국회 해산, 정당 및 정치활동의 중지 등 헌법의 일부 기능을 정지시키고 전국에 비상계엄령을 선포했다.

ㄹ. 12.12 사태로 정권을 잡은 신군부 세력에 대한 반발로 서울역 집회가 일어나자 신군부는 비상계엄을 전국으로 확대하였다(1980.5.17.).

6회

01	①	02	①	03	②	04	③
05	①	06	①	07	②	08	②
09	②	10	④	11	③	12	④
13	②	14	①	15	②	16	②
17	①	18	③	19	④	20	②

01 답 ①

📝 출제영역 최치원

제시문은 신라 말 최치원의 글인 해인사 묘길상 탑기의 내용이다. 최치원은 6두품 출신으로 당나라로 유학하여 빈공과에 급제하였다. 그는 이후 신라로 돌아와 진성여왕에게 시무 10여조를 건의하고 아찬에 올랐으나 진골 귀족들의 반대로 그의 개혁안은 받아들여지지 않았다. 그의 저술로은 계원필경, 제왕연대력, 사륙집, 해인사 묘길상탑기, 난랑비문(풍류도), 토황소격문, 4산비문(지증대사비, 진감선사비, 대숭복사비, 낭혜화상비)이 있다.

① 고선사 서당화상비문은 원효의 후손인 설중업이 779~780년 일본에 사신으로 다녀온 후 원효를 추모하기 위하여 작성하였다.

02 답 ①

📝 출제영역 고대-조선의 토지제도

신라의 토지제도인 녹읍, 고려의 개정 전시과, 조선의 직전제에 대한 설명이다. 녹읍은 신라의 관리에게 지급된 토지제도로 수조권과 함께 노동력 징발이 가능하였다.

① 통일 신라의 신문왕은 관리들에게 수조권만 있는 관료전을 지급(687)하고 녹읍을 폐지(689)하여 귀족들의 권한을 약화시켰다.

📙 오답풀이

② 통일 신라 경덕왕때 귀족들의 반발로 녹읍이 부활하였다(757).

③ 조선의 세조는 현직 관리에게만 수조권을 지급하는 직전법을 실시하였고, 수신전(죽은 관리의 아내에게 지급), 휼양전(죽은 관리의 어린 자제에게 지급)을 폐지하였다.

④ 고려의 목종은 전·현직 관리를 대상으로 하되 인품을 배제하고 관등만을 기준으로 지급하는 개정 전시과를 실시하였다.
1) 경종 : 시정 전시과(전·현직 관리, 관등 + 인품)
2) 목종 : 개정 전시과(전·현직 관리, 관등)
3) 문종 : 경정 전시과(현직 관리, 관등)

03 답 ②

📝 출제영역 `고려 태조의 정책`

제시문은 고려의 태조 왕건에 대한 내용이다. 왕건은 후삼국을 통일하여 고려를 세웠으며, 그의 정책으로는 민생안정(조세감면, 흑창 설치), 호족 통합(사성 정책, 혼인 정책), 호족 견제(기인 제도, 사심관 제도), 북진 정책(서경 중시, 영토 확대) 등이 있으며, 신하들에게 『정계』와 『계백료서』를 남기고 후손들에게 『훈요10조』를 남겼다.
② 왕건의 『훈요10조』에는 도선이 정한 곳 외에 사찰을 만들지 말라는 내용이 있는데, 이것을 통해 풍수지리설을 엿볼 수 있다.

📒 오답풀이

① 고려의 성종은 최승로의 건의를 받아들여 민생 안정을 위해 팔관회와 연등회를 축소하였다.
③ 통일 신라의 문무왕 대 나당전쟁에서 신라는 매소성 전투와 기벌포 전투에서 당나라 군대에게 승리하였다.
④ 감은사는 신문왕이 부왕 문무왕의 뜻을 이어 창건(682)하였으며, 남북국시대 통일신라의 성전사원으로 기능하였다.

04 답 ③

📝 출제영역 `고려`

제시문은 송나라의 고려도경(서긍)에서 고려 청자의 비색을 극찬한 내용으로, 고려에 대한 설명을 고르는 문제이다.
ㄴ. 안동 봉정사 극락전은 현존하는 최고의 목조 건축물이고, 영주 부석사 무량수전 또한 고려 시대 지어진 대표적인 목조 건축물이다.
ㄷ. 향약구급방은 고려시대 대장도감에서 편찬한 현존하는 최고의 의서이다.

📒 오답풀이

ㄱ. 거란족을 복속시키고 요서 지역으로 진출하였다는 사실은 역사적 오류이다.
　cf) 4세기 백제 근초고왕 때 요서·산둥 지방으로 진출하였다는 기록은 있음.
ㄹ. 계미자는 조선 태종 때 만들어졌다.
　cf) 계미자(태종), 경자자·갑인자(세종, 밀랍대신 식자판 조립)

05 답 ①

📝 출제영역 `삼국유사`

제시문은 삼국유사 서문의 내용이다. 삼국유사는 고려 충렬왕 대에 일연이 지었으며, 역사를 사건별로 나누어 관련 내용을 모아 서술하는 역사 서술 방법인 기사본말체로 구성되어 있는 것이 특징이다. 또한 불교사, 야사, 전래 기록, 민간 설화, 전설 등이 기록되어 있으며, 단군신화를 최초로 기록한 역사서이다.
① 삼국유사는 민간 설화와 신라의 향가 11수를 수록하였다.

📒 오답풀이

② 기전체 형식으로 서술된 대표적인 역사서는 삼국사기(김부식)이다.
　cf) 삼국사기(김부식) : 현존하는 최고의 역사서, 기전체(신라 본기 우선), 발해사·고조선 기록 ×, 유교적 합리주의 사관
③ 이규보는 『동국이상국집』에서 동명왕편을 통해 고구려 동명왕 업적을 칭송하고 고구려의 전통을 강조하였다.
④ 이승휴는 『제왕운기』에서 3조선설(단군 - 기자 - 위만)과 함께 단군 신화를 수록하고, 발해사를 최초로 우리나라의 역사로 기록하였다.

06 답 ①

📝 출제영역 `최충헌의 봉사10조`

제시문은 무신집권기 최충헌이 권력을 잡고 명종에게 건의한 봉사 10조에 대한 내용이다. 봉사 10조의 주요 내용으로는 비보사찰 외 사찰 금지, 새 궁궐로 이동, 승려의 왕궁 출입 및 고리대업 금지, 농민으로부터 뺏은 토지 반환 등이 있다.

📒 오답풀이

ㄷ. 팔관회를 성실히 열 것을 당부한 인물은 태조 왕건으로 훈요 10조의 내용이다.
ㄹ. 태조 왕건의 훈요 10조에서 서경을 중시할 것을 서술하였다.

07 답 ②

📝 **출제영역** 　　　　　　　　　　고려의 대외 관계, 무신 집권기

제시문의 (가)는 고려 숙종 시기 윤관이 별무반을 편성
(1104)하여 예종대 여진을 정벌하여 동북9성을 축조
(1107)한 내용이다.
(나)는 대몽 항쟁기 몽골의 1차 침입 이후 최우가 몽골과
의 장기 항전에 대비하기 위해 입보 정책과 함께 강화도로
천도(1232)한 내용이다.
ㄱ. 최충헌이 정권을 장악한 이후 교정도감을 설치하였
다.(1209)
ㄹ. 박서가 귀주성에서 몽골군의 침입을 막아내었다.(몽골
의 1차 침입 1231)

📁 **오답풀이**

ㄴ. 현종대 거란의 3차 칩입 이후 강감찬의 주도로 개경에
는 나성, 국경 지방에는 천리장성을 축조(덕종 때 축조
하여 정종 때 완성)하여 거란의 침입에 대비하였다.
ㄷ. 정방은 공민왕 때 폐지되었다가 다시 부활한 후 창왕
때 완전 폐지되었다.

08 답 ②

📝 **출제영역** 　　　　　　　　　　조선 세조의 업적, 사화

제시문은 연산군 대 김일손이 사초에 조의제문을 실은 문
제에 대한 내용으로 이로 인해 후에 무오사화가 발생하였
다. 조의제문은 조선전기 문신인 김종직이 세조의 왕위찬
탈을 풍자하여 1457년에 지은 문서로 제시문에서 밑줄
친 선왕은 세조임을 알 수 있다.
② 세조대 성삼문 등은 상왕의 복위를 꾀하다가 처형되었
다.

📁 **오답풀이**

① 무오사화와 갑자사화는 제시문 이후 연산군 대에 발생
한 사화이다.
1) 무오사화(1498) : 조의제문을 실은 사초 문제
2) 갑자사화(1504) : 폐비 윤씨 사건
3) 기묘사화(1519) : 위훈삭제로 인한 훈구파 반발, 주
초위왕 사건
4) 을사사화(1545) : 외척 간의 갈등, 소윤vs대윤
③ 태종은 개경에서 한양으로 수도를 다시 옮겼으며, 창덕
궁을 건립하였다.
④ 성종 대에 국조오례의가 편찬되었다.
cf) 성종 대에 편찬된 책 : 경국대전(법전), 국조오례의
(예법), 악학궤범(의궤와 악보), 동국통감(역사), 동
국여지승람(지리), 동문선(시문 선집)

09 답 ②

📝 **출제영역** 　　　　　　　　　　　　　　　　비변사

비변사는 비국, 주사, 묘당 등으로도 불렸다. 비변사는 왜
구·여진 등 변방 전쟁업무를 대비하기 위한 임시기구로
삼포왜란(1510)때 설치되었고 을묘왜변(1555)이후 상설
화되었다.
② 비변사는 양란 이후 기능이 확대되면서 조선 후기 붕당
정치의 핵심 권력기구가 되었다가 세도 정치기가 아닌
흥선대원군 때 폐지되었다.

📁 **오답풀이**

① 비변사는 삼포왜란(1510)때 설치되었고 을묘왜변
(1555)이후 상설화되었다.
③ 비변사는 원래 왜구·여진 등 변방 전쟁업무를 대비하
기 위한 임시기구였다.
④ 임진왜란·병자호란을 계기로 비변사의 국국기무 관장
이 확대되었다.

10 답 ④

📝 **출제영역** 　　　　　　　　　　　세도 정치기 농민 봉기

제시문은 세도 정치기 철종 13년(1862)년에 일어난 임술
농민 봉기(진주민란)에 대한 내용이다. 조선은 정조의 갑
작스러운 죽음 이후 순조, 헌종, 철종 3대에 걸쳐 세도 정
치가 행해졌다. 세도정치 기간동안 매관매직이 성행했고,
전정, 군정, 환정의 삼정의 문란이 일어났으며, 민란이 자
주 발생하였는데, 대표적인 것이 임술농민 봉기다.
④ 서얼의 청요직 진출을 허용한 신해허통(1851)과 중인
들의 대규모 소청운동 등도 철종 대(1849-1863)에 일
어난 주요 사건이다.

📁 **오답풀이**

① 18세기 영조 대에 정상기는 최초의 100리 척을 사용하
여 동국지도를 편찬하였다.
cf) 세조대 양성지의 동국지도 : 우리나라 최초의 실측
지도라는 기록이 있지만 현존 ×
② 순조 1년(1801)년에 공노비 해방으로 중앙 관청 노비
6만 6천여명이 해방되었다.
1) 노비종모법(1731, 영조)
2) 공노비해방(1801, 순조)
3) 노비 세습제 폐지(1886, 고종)
4) 노비제 폐지(1894, 갑오개혁)
③ 현종대에 서인과 남인은 2차례의 예송을 통해 주도권
싸움을 하였다.
1) 기해 예송(1659) : 효종 사후 자의대비 복상 기간,
서인(1년)vs남인(3년), 서인 승
2) 갑인 예송(1674) : 효종비 사후 자의대비 복상 기
간, 서인(9개월)vs남인(1년), 남인 승

11
답 ③

출제영역
조선 왕실 의궤

조선 왕실 의궤는 국가와 왕실 행사의 과정, 비용, 인원 등을 정리한 기록물이다. 조선초부터 제작되었으나 임진왜란때 전기 기록이 소실되었다. 선조 시기 의인왕후산릉도감의궤가 현존하는 최고의 의궤이고, 대표적인 의궤로 정조 시기 수원 화성 건설과정을 기록한 화성성역의궤, 황실 혼례 행렬을 기록한 가례도감의궤(반차도)가 있다.

오답풀이

① 화성성역의궤에는 정조 시기 화성 축성의 전모가 기록되어 있다. 특히 도설(圖說)에는 건축 도면을 연상시킬 만큼 성곽과 부속 건물이 자세하게 그려져 있어, 일제 강점과 한국전쟁으로 훼손된 화성을 실제 모습 그대로 복원하는 데 중요한 자료가 되었다.
② 병인양요 시기 강화도를 일시 점령한 프랑스군은 후퇴할 때 외규장각에 보관되어 있는 의궤를 비롯한 340책의 서적과 주요 왕실 자료를 약탈하였다. 이후 2011년 반환되었다.
④ 조선왕조 의궤는 2007년 6월 제8차 유네스코 기록유산 국제자문위원회에서 세계기록유산으로 등재되었다.

12
답 ④

출제영역
근대 개항기(강화도 조약 전후)

제시문은 1876년 일본과의 강화도 조약을 앞두고 위정척사파 최익현이 '왜양일체론'을 내세우며 조선의 개항을 반대한 내용이다. 강화도 조약(조일 수호 조규)은 1876년 조선이 외국과 맺은 최초의 근대적인 조약이자 불평등 조약이었다.

④ 신미양요는 1871년에 제너럴셔먼호 사건(1866)을 구실로 미국 사령관 로저스가 강화도를 공격하였다. 대표적인 전투지로 초지진, 덕진진, 광성보(어재연 부대)가 있다.

오답풀이

① 방곡령은 강화도 조약 직후 맺은 조일 무역 규칙을 개정하고자 1883년 일본과 조선이 다시 맺은 조일 통상 장정(조일 무역 규칙 수정)에 처음 언급되었다. 조선은 함경도(1889)와 황해도(1890)에서 지방관이 방곡령을 실시하였으나 '1개월 전 통지' 규정 위반을 이유로 방곡령이 철회되고 배상금을 지급하였다.
 1) 조일 수호 조규(강화도 조약, 1876) : 최초의 근대적 조약, 불평등 조약
 2) 조일 수호 조규 부록(부속조약, 1876) : 개항장에서 일본 화폐 사용, 거류지(10리) 설정
 3) 조일 무역 규칙(통상 장정, 1876) : 무관세, 무항세, 양곡의 무제한 유출 가능성
 4) 조일 통상 장정(조일 무역 규칙 수정, 1883) : 관세 규정, 방곡령 근거(1개월 전 통고), 일본인에게 최혜국 대우 규정
② 개항 이후 구식 군인들은 차별 대우(급료 미지급)와 쌀값 폭등 등의 이유로 일본 공사관과 궁궐을 습격하는 임오군란을 일으켰다(1882).
③ 개항 이후 2차 수신사로 일본에 파견(1880)된 김홍집은 조선에 귀국하면서 『조선책략』을 가지고 들어왔다.

13
답 ②

출제영역
조선, 근대 시기 의병 활동

조선, 근대 시기 의병 활동에 대한 설명이다. 임진왜란 당시 의병 활동의 대표적인 인물로는 경상도의 정인홍·곽재우, 전라도의 고경명·김천일, 충청도의 조헌·영규, 함경도의 정문부 등이 있다. 정묘호란 당시 대표적인 의병 활동으로는 철산의 정봉수, 의주의 이립 등이 있다. 근대 시기 의병 활동은 크게 을미의병(이소응, 유인석, 허위 등), 을사의병(민종식, 최익현, 신돌석 등), 정미의병(이인영 등 13도 창의군)의 3시기로 분류되며 이후 일제의 남한 대토벌 작전으로 국내 의병 활동이 위축되었다.

② 남한대토벌 작전은 서울진공작전 이후 일제가 국내에서 활동하는 의병세력을 완전히 진압할 목적으로 1909년 9월 1일부터 10월 30일까지 의병세력의 주요 근거지인 전라남도 및 그 외곽지대에 일본군 등을 배치하여 펼친 초토화 작전이다.

오답풀이

① 을사의병의 대표적인 인물로는 민종식(흥주성), 최익현, 신돌석(평민 의병장, 경상도 평해·울진) 등이 있다.
③ 정묘호란 당시 정봉수(철산), 이립(의주)의 의병 활동이 있었다.
④ 임진왜란 당시 조헌과 고경명의 의병이 왜군과 금산에서 2차례의 전투를 치루었다.

14   답 ①

📝 **출제영역**   조선 근대 김홍집의 활동

김홍집은 온건 개화파에 속한 관리였다. 그는 강화도조약 체결 이후 2차 수신사로 일본에 파견되어 『조선책략』을 들여왔다. 또한 1차, 2차 갑오개혁, 을미개혁 당시 연립 내각을 구성하여 조선의 근대 개혁을 추진하였다.

📖 **오답풀이**

② 임병찬은 고종의 밀명을 받아 독립의군부를 조직하였다.(보기의 내용은 맞으나 김홍집과는 관련이 ×)
③ 서원철폐 조치 등에 반대하면서 흥선대원군을 탄핵한 사람은 최익현이다.
　1) 흥선대원군 시기 : 서원철폐 조치 반대
　2) 강화도조약 체결 시기 : 5불가소(도끼상소)
　3) 을사의병 : 전북 태인에서 거병 → 순창 체포 → 쓰시마 섬 순절
④ 일제의 침략상을 고발한 『한국독립운동지혈사』를 저술한 사람은 박은식이다.
　1) 근대 : 유교 구신론(양명학), 대동교, 조선 광문회
　2) 민족독립운동기 : 국혼 강조 : 『한국통사』, 『한국독립운동지혈사』, 대동보국단(상하이), 노인동맹단, 대한민국 임시정부 2대 대통령 선출

15   답 ②

📝 **출제영역**   광무개혁

제시문은 광무개혁 당시 경제 정책인 양전사업과 지계를 발행한 내용이다. 아관파천 이후 고종은 대한제국을 수립하면서 구본신참에 입각한 점진적 개혁을 표방한 광무개혁을 실시하였다. 광무개혁은 정치, 교육, 경제, 근대화의 전반적인 측면에서 실시되었다.
② 광무개혁 당시 화폐개혁을 통해 금본위제 도입을 시도하였다.

📖 **오답풀이**

① 건양이라는 연호를 사용한 것은 을미개혁 때이다.
　개국(1차 갑오) → 건양(을미개혁) → 광무(광무개혁) → 융희(1907, 순종)
③ 홍범 14조는 2차 갑오개혁때 고종이 종묘에서 독립서고문과 함께 발표한 근대적인 통치 방침의 근간을 세운 개혁 강령으로 최초의 근대적 헌법의 성격을 갖고 있다.
④ 고종은 강화도 조약 체결 이후 개화 정책 추진 총괄 기구로 통리기무아문을 설치(1880)하고 그 아래에 12사(사대사, 교린사, 통상사, 군무사 등)를 두었다.

16   답 ②

📝 **출제영역**   근대 문물의 수용

제시문은 근대 시기 경부선 철도 건설에 대한 비판적인 견해를 주장하는 내용이다. 대한제국 정부는 국가 근대화를 위해 철도를 건설하고 싶었지만 기술도 돈도 없어 외국에서 조달하기로 했다. 이에 일본이 대한제국으로부터 경인선(1898), 경부선(1898), 경의선(1904), 경원선(1904)등의 철도 부설권을 획득하여 철도를 개통하였다.
② 서북철도국은 1900년에 서울 - 신의주간 철도 건설을 위해 궁내부에 설치되었던 정부 산하 기구이다.

📖 **오답풀이**

① 철도 부설은 열강이 정치 · 경제적 영향력을 확대하는 과정에서 매우 중요한 이권이었다. 특히 대륙 침략을 노리던 일본에게는 군사적으로도 중요한 문제였다.
③ 경부선 철도 공사의 진행은 우리나라 관민의 저항과 반대, 용지매수 분쟁, 결빙과 홍수 및 화폐의 차이 등으로 많은 난관에 부딪쳤다.
④ 경부철도가는 장편 기행체의 창가로, 원제목은 '경부철도노래'이다. 이 작품은 철도의 개통으로 대표되는 서구문화의 충격을 수용하여 쓰여졌다.

17   답 ①

📝 **출제영역**   통감부 시기 정책

1905년 을사조약 이후 일본은 통감부를 설치하여 여러 정책을 추진하였는데, 대표적인 것은 황실 재정 축소 및 국유화 작업, 신문지법, 보안법, 출판법, 학회령, 사립학교령 등이 있다. 특히 통감부는 토지가옥증명규칙을 통해 외국인의 토지 소유를 합법화하였고, 이를 관리하기 위해 동양척식주식회사를 설립하였다.
① 조선인의 협력을 부르짖는 국민 총력 운동은 1930년 이후 민족말살 통치의 일환으로 전개되었다.

📖 **오답풀이**

② 통감부는 궁장토, 광산, 홍삼, 잡세 등의 황실 재원을 국가 재정에 편입시키고, 황실 소유의 건물 및 채무를 정리하였다.
③ 통감부는 1907년 신문지법을 제정하여 신문 발행의 허가제를 규정하였다.
　1) 신문지법(1907) : 신문 발행의 허가제 규정
　2) 보안법(1907) : 집회 · 결사의 자유 금지
　3) 사립학교령(1908) : 사립학교 설립의 허가제 규정
　4) 학회령(1908) : 학회 설립의 허가제 규정
　5) 출판법(1909) : 출간 전 허가제 규정, 출판물의 반포 금지와 압수 가능 규정

④ 통감부는 1906년 토지가옥증명규칙을 통하여 외국인이 토지 소유를 가능하게 하였다.

18

답 ③

📝 출제영역　　　　　　　　　　　　　　신간회

제시문은 신간회의 강령 내용이다. 신간회는 1927년 결성된 일제 강점기 최대의 합법 항일 단체로 사회주의 계열과 비타협적 민족주의 계열이 연합하였다. 신간회는 조선인 본위 교육, 일본 이민 반대 등을 주장하며 토론회·강연회 등을 개최하였다. 또한 여성 차별 철폐(근우회)를 주장하고, 동양 척식 회사 폐지를 주장하였으며, 원산 총파업(1929) 지원, 갑산군 화전민 사건(1929) 진상 규명, 광주학생 항일운동 진상 조사단 파견(1929)등의 활동을 하였다.

🧻 오답풀이

① 6.10 만세운동은 1926년 6월 10일 순종의 장례일을 기해 만세시위로 일어난 학생중심의 민족독립운동으로 이후 신간회 창립의 배경이 되었다.
② 정우회는 1926년 서울에서 조직되었던 사회주의 단체로 정우회 선언 발표 이후 정우회가 해산되고 1927년 2월 신간회가 창립되었다. 초대회장은 이상재(우파), 부회장은 홍명희(좌파)였다.
④ 1920년 일제가 문화 통치를 표방하게 되자, 민족 지도자들은 실력 양성 운동을 벌여 물산장려운동과 민립대학설립운동을 벌여 나갔다. 이에 1923년 민립대학 기성회가 설립되어 모금운동을 주도하였다.

19

답 ④

📝 출제영역　　　　　　　　이봉창 의거 (한인애국단)

한인애국단은 1931년 10월에 김구가 임시정부의 침체를 극복하기 위해 설립한 단체. 대표적인 활동으로는 일본 도쿄 히로히토 일왕의 폭탄 암살 시도를 한 이봉창의 의거와 상하이 홍커우 공원에서 있었던 윤봉길의 의거가 있다. <보기>는 이봉창의 의거와 관련된 내용이다.

🧻 오답풀이

① 상하이 홍커우 공원에서 일어난 윤봉길의 의거(1932.4)는 중국 국민당의 임시정부 지원을 이끌어 내는 계기를 가져다 주었다.
② 의열단 소속의 김지섭은 일본 도쿄 왕궁 앞 이중교에 폭탄을 던졌다(1924).
③ 안중근은 1909년 만주 하얼빈에서 이토 히로부미를 사살하였다.

20

답 ②

📝 출제영역　　　　　대한민국 정부 수립-6.25 전쟁

제시문의 (가)는 5.10 총선 실시 이후 제헌 국회가 구성되고 헌법을 제정한 내용으로 시기는 1948년 7월 17일이다. (나)는 1950년 6월 25일 북한이 기습남침을 하자 유엔 안전보장 이사회에서 결의한 내용이다.

ㄱ. 유엔총회에서 대한민국이 유일한 합법정부로 인정되었다. (1948.12.)
ㄷ. 귀속재산 처리를 위한 「귀속재산처리법」이 제정되었다. (1949. 12.)

🧻 오답풀이

ㄴ. 제1차 미소공동위원회가 결렬되어 무기한 연기되자 미군정은 중도 세력을 중심으로 좌우합작 운동을 주도하여 이에 남조선 과도 입법 의원(1946.12.)과 남조선 과도 정부(1947. 5.)를 설치하였다.
ㄹ. 남한의 단독선거가 확실시되자 제주도에서 민중과 좌익세력이 남한 단독 선거 반대, 미군 철수를 내세우며 무장 봉기하였다(제주 4·3사건, 1948.4.3.).

7회

01	②	02	②	03	②	04	④
05	①	06	①	07	③	08	④
09	①	10	④	11	②	12	①
13	②	14	④	15	④	16	①
17	②	18	②	19	①	20	②

01
답 ②

📝 **출제영역** 고조선과 초기 여러 국가

제시문은 사람을 죽인 자는 바로 죽이고, 남을 상하게 하면 곡식으로 갚아야 한다는 조항이 있었던 고조선의 8조법이다.
② 고조선은 왕 아래 상, 대부, 장군, 박사, 대신 등의 관직을 두었다.

📖 **오답풀이**

① 변한은 철이 많이 생산되어 낙랑, 왜 등으로 수출하였으며, 철을 화폐처럼 사용하였다.
③ 부여는 반농반목의 경제 형태를 가지고 있어, 말, 주옥, 모피 등의 특산물이 유명하였다.
④ 부여는 왕이 죽으면 주변 사람을 부장품과 함께 껴묻는 순장의 풍습이 있었다.

02
답 ②

📝 **출제영역** 신라사의 전개

ㄱ. 신라의 17대 내물마립간이 400년에 고구려 광개토대왕에게 왜구 격퇴를 요청한 사건이다.
ㄴ. 신라의 23대 법흥왕이 522년 대가야와 결혼 동맹을 맺은 일이다.
ㄷ. 신라의 21대 소지 마립간 때 우역이 설치되었다.
ㄹ. 신라의 22대 지증왕이 514년 아시촌에 소경을 설치하였다.
② 따라서 ㄱ-ㄷ-ㄹ-ㄴ 순으로 전개되었다.

📖 **오답풀이**

ㄱ. 17대 내물마립간은 고구려에 신라를 침입한 왜구를 격퇴해줄 것을 요청하자, 광개토대왕이 400년 신라에 군대를 보내어 왜구를 격퇴하였다. 왜구 격퇴 후에도 고구려는 신라에 한동안 군대를 주둔시키는 등 내정간섭을 강화하며, 한반도 남부까지 영향력을 확대하였다.
ㄴ. 23대 법흥왕은 522년 국제적 고립에서 벗어나기 위한 목적으로 대가야의 이뇌왕이 청한 혼인 동맹을 받아들여, 이찬 비조부의 누이를 대가야에 보냈다.
ㄷ. 21대 소지 마립간은 국가 공문서를 송달하기 위한 목적으로 사방에 우역을 설치하였다.
ㄹ. 22대 지증왕은 아시촌(경북 의성)에 최초의 소경을 설치하였다. 소경은 정치·군사적 요충지에 주로 설치되었으며, 복속한 지역의 통치를 위해 설치한 지방 특별 행정구역이다. 지증왕이 아시촌에 소경을 설치한 이후, 진흥왕 때 중원 지역(충북 충주)에 국원소경이 설치되었고, 선덕여왕 때 하슬라 지역(강원 강릉)에 북소경이 설치되었다. 신라 통일 이후 신문왕이 5소경 제도를 실시하였다.

03
답 ②

📝 **출제영역** 신라의 문화재

신라의 문화재는 백률사 석당과 법주사 쌍사자 석등이다.
ㄱ. 백률사 석당은 신라의 문화재로, 법흥왕 때 불교 공인을 위해 순교한 이차돈을 기념하기 위해 헌덕왕 때 건립된 기념비이다.
ㄹ. 법주사 쌍사자 석등은 통일 신라의 문화재로, 보은 법주사의 대웅전과 팔상전 사이에 위치해 있다. 성덕왕 대에 조성된 것으로 추정되며, 두 마리의 사자로 기둥을 대신한 것이 특징이다.

📖 **오답풀이**

ㄴ. 정림사지 5층 석탑은 부여에 위치한 백제의 문화재로, 조화미와 균형미가 뛰어난 석탑이다. 1층 탑신에 당의 장군 소정방이 백제를 평정하였다는 내용을 새겨놓아 평제탑이라 불리기도 하였다.
ㄷ. 금동대향로는 백제의 문화재로 부여 능산리 고분군 부근의 절터에서 출토되었다. 백제의 뛰어난 금속 공예 기술을 보여주며, 불교와 도교의 복합적 요소를 가지고 있다.

04

답 ④

📝 **출제영역**　　　　　　　　　　　　　원효의 업적

제시문의 인물은 화쟁국사로 추앙받았던 원효이다.

④ 염불만 외우면 누구나 극락정토에 갈 수 있다는 아미타 신앙으로 불교 대중화에 기여하였다. 또한 백성들이 『화엄경』의 내용을 쉽게 이해할 수 있도록 무애가를 지어 널리 유행시킴으로써 백성들을 교화하였다.

📖 **오답풀이**

① 원측은 문무왕 때 당나라에 건너가 현장의 제자가 되어 유식 불교를 전수받았다. 당의 수도에 있는 서명사에서 서명학파라는 독자적인 유식학파를 세웠다.

② 신라 하대에 참선과 수행을 통해 깨달음을 얻고자 하는 선종이 유행하였다.

③ 의상은 현세에서 고난을 구제받고자 하는 관음신앙을 이끌었으며, 영주 부석사, 양양 낙산사 등의 사찰을 창건하였다.

05

답 ①

📝 **출제영역**　　　　　　　　　신라 하대의 역사적 사실

제시문은 진성 여왕 때 일어난 원종과 애노의 난(889)이다.

① 927년 후백제의 견훤은 경주를 급습하여 포석정에서 연회를 즐기던 경애왕을 스스로 죽게 만들고, 경순왕을 옹립하였다.

📖 **오답풀이**

② 나당전쟁 중이던 674년 당나라는 문무왕의 동생인 김인문을 신라왕으로 책봉하여 신라로 보냈다. 그리고 유인궤에게 군사를 주어 신라를 공격하게 하여, 675년 칠중성을 공략하였다.

③ 발해의 무왕이 산둥반도를 공격하자, 733년 당은 신라에 사신을 보내 성덕왕에게 발해를 공격하도록 요청하였다. 이에 성덕왕이 발해 공격을 위해 군사를 출병시켰으나 추운 날씨로 동사자가 속출하여 진군 도중에 돌아왔다.

④ 839년 신무왕은 장보고의 도움을 받아 민애왕을 몰아내고 즉위하였다.

06

답 ①

📝 **출제영역**　　　　　　　　　　　　　몽골의 침입

제시문은 몽골의 1차 침입 때 전개된 충주 전투(1231)로, ㉠은 몽골이다.

ㄷ. 몽골의 2차 침입 때(1232) 대구 부인사에 보관되어 있던 초조대장경이 소실되었으며, 몽골의 3차 침입 때 (1235~1239) 황룡사 9층 목탑이 소실되는 등 다수의 문화재들이 소실되었다.

ㄹ. 고려 정부가 몽골과 강화를 맺고 개경으로 환도하자, 삼별초는 이를 반대하며 진도 용장산성에 행궁을 마련하고 정부와 몽골군에 대항하였다. 이후 삼별초는 제주도로 근거지를 옮겨 항전하였으나, 1273년 여몽 연합군에 진압되었다.

📖 **오답풀이**

ㄱ. 고려는 여진의 계속되는 동북9성 반환 요구와 방어의 어려움, 여진의 조공 약속 등을 이유로 1109년 성을 축조한지 1년 여 뒤에 동북9성을 여진에 반환하였다.

ㄴ. 고려 우왕 때 왜구의 상륙을 막기 위해 최무선의 건의에 따라 화약 및 화기를 제조하는 화통도감을 설치(1377)하고 화포를 개발하였다. 그리하여 1380년 진포대첩에서 화포를 활용하여 왜구를 격퇴하였다.

07

답 ③

📝 **출제영역**　　　　　　　　　고려시대의 사회 모습

③ 유랑자의 수용과 구휼을 담당하는 동·서 활인서는 조선 세조 대에 명칭이 변경되어 운영되던 관서이다. 고려시대에는 문종 대에 동·서 대비원이 설치되어 치료와 구휼을 담당하였다. 조선이 건국된 뒤 태조는 고려의 제도에 따라 동·서 대비원을 두었고, 태종 대에 동·서 활인원으로 개칭하였다가 세조 대에 동·서 활인원을 통합하여 활인서로 고쳐 그 관제를 확정하였다.

📖 **오답풀이**

① 고려 성종은 개경·서경·12목에 상평창을 설치하였다. 상평창은 곡식과 포의 가격이 내렸을 때 사들였다가 값이 오르면 싸게 내다 팔아 물가를 조절하였다.

② 무신정권 이후 종래에 실권을 장악하고 있던 문벌 귀족 대신 새로운 관료층이 대두되었다. 이들은 고려 후기의 정치 행정 실무자로 대부분 향리 출신이었다. 향리는 지방의 지배신분을 유지하면서 과거를 통해 중앙 정계에 진출하여 집권한 무신들의 자문을 담당하기도 하는 등으로 향리의 양반화가 촉진되었다.

④ 고려는 기본적으로 태형(笞刑), 장형(杖刑), 도형(徒刑), 유형(流刑), 사형(死刑)의 실형 중심의 5형 체제를 가지고 있었다.

08 답 ④

📝 **출제영역** 조선의 토지제도

(가)는 과전법, (나)는 수신전, (다)는 휼양전, (라)는 직전법이다.

④ 세조는 1466년 현직 관리에게만 수조권을 지급하는 직전법을 시행하면서, 세습되던 수신전과 휼양전을 폐지하였다.

📕 **오답풀이**

① (가)는 1391년 공양왕 때부터 시행된 과전법으로 신진 사대부의 경제적 기반을 보장하기 위해 실시되었다. 과전법은 전·현직 관리 모두에게 수조권을 지급하였다.

② (나)는 과부에게 지급하는 수신전으로 세습되었으며, 전지만 지급하였다. 전지와 시지를 지급한 토지제도는 고려의 전시과제도이다.

③ (다)는 관료 출신 부모가 모두 죽은 뒤 혼자 남은 자제에게 지급하던 휼양전으로, 수조권을 지급하였다.

09 답 ①

📝 **출제영역** 충선왕 대의 사실

제시문은 소금 전매제에 대한 내용으로, 충선왕 대에 실시된 제도이다.

① 충선왕은 개혁을 담당할 핵심기구로 사림원(詞林院)을 설치하여 개혁 정치를 추진하였다.

📕 **오답풀이**

② 충목왕은 몽골의 폐정 개혁에 대한 요구를 기회로 삼아 폐정개혁기관인 정치도감(整治都監)을 설치하여 토지 겸병과 탈점 등의 불법 토지 문제를 해결하고자 하였다.

③ 공민왕 대에 반원정책으로 원나라 연호 사용을 중지하였으며, 명과 통교하기 시작하였다.

④ 충렬왕 대에 안향의 건의에 따라 유학의 진흥을 위한 장학기금으로 섬학전을 운영하였다.

10 답 ④

📝 **출제영역** 영조의 업적

제시문은 영조가 1742년 성균관 입구에 세운 탕평비에 대한 내용이다. 영조는 붕당을 없애는데 뜻이 있으나 당장은 실현이 어렵기에, 당파의 시비를 가리지 않고 온건하고 타협적인 인사들을 등용하는 완론탕평(緩論蕩平)을 주장하였다.

영조는 탕평파를 중심으로 정국을 운영하면서, 붕당의 뿌리를 제거하기 위해 재야 산림의 공론을 인정하지 않았고, 붕당의 본거지인 서원을 대폭 정리하였으며, 이조전랑의 권한을 축소하였다.

④ 각 붕당의 주장이 옳은지 그른지를 명백히 가리는 준론 탕평(峻論蕩平)을 추진한 왕은 정조이다.

📕 **오답풀이**

① 영조는 청계천 준설 사업으로 일자리를 창출하고, 홍수에 대비하였다.

② 영조는 압슬형, 자자형, 난장형 등 가혹한 고문과 형벌을 금지하였다.

③ 영조는 붕당을 없애자는 논리에 동의하는 탕평파를 적극 등용하여 그들을 중심으로 정국을 운영하였다.

11 답 ②

📝 **출제영역** 조선후기 실학과 박지원

제시문은 토지 소유를 제한하는 한전론으로 박지원이 주장하였다. 박지원은 토지소유의 상한선을 정하면, 상한선을 초과하는 토지는 자연스레 분배될 것이라 주장하였다.

② 박지원의 『과농소초』는 농법과 농기구의 개량 등 영농 방법의 혁신을 통한 농업 생산력의 증대를 주장하여 상업적 농업을 장려하였다.

📕 **오답풀이**

① 박제가는 『북학의』를 저술하여 청 문물을 적극적으로 수용하자고 주장하였다.

③ 이익은 『곽우록』을 통해 화폐 제도의 문제점을 지적하며 폐전론을 주장하였다. 화폐는 농민의 파산을 가속화시키고, 풍속을 각박하게 만들기에 유통을 금지해야 한다고 주장하였다.

④ 홍대용은 서양 과학의 본질은 수학에 있다고 보고, 『주해수용』을 통해 동서양의 수학을 정리하였다.

12 답 ①

📝 **출제영역** 세종의 정책

제시문은 세종의 명으로 편찬된 『삼강행실도』에 대한 내용이다. 『삼강행실도』는 충신, 효자, 열녀 등의 행적을 백성들에게 널리 알리기 위해 그림과 설명으로 쉽게 만들어진 윤리서이다.

① 세종은 최윤덕을 압록강 지역에, 김종서를 두만강 지역에 보내어 여진족을 몰아내고 4군 6진을 개척하였다.

오답풀이

② 태종 대에 사섬서를 설치하여 지폐인 저화를 발행하였다.

③ 성종 대에 『국조오례의』를 편찬하여 국가의 예법과 절차를 정하였다.

④ 세조 대에 국방력 강화를 위해 진관 체제가 정비되었다. 진관체제란 지방의 군사 요지에 진관을 설치하는 제도로, 지역 단위로 수령의 지휘 하에 방어체계를 갖추는 체제였다.

13 답 ②

📝 출제영역
조선왕조실록

조선왕조실록은 왕의 사후에 춘추관 내에 설치된 실록청에서 편찬하였으며, 태조 대부터 철종 대에 이르기까지 편찬되었다. 편년체로 서술되었으며, 『사초』, 『시정기』, 『승정원일기』, 『의정부등록』, 『비변사등록』, 등을 통합하여 편찬하였다.

② 조선왕조실록은 세종 대에 춘추관을 비롯해 충주사고, 성주사고, 전주사고 등 4대 사고가 운영되었다. 그러나 임진왜란 때 전주 사고의 실록을 제외하고 모두 소실되자, 선조 대를 거쳐 광해군 대에 춘추관·오대산·태백산·묘향산·마니산 사고 등 5대 사고를 정비 완료하였다.

오답풀이

① 고려시대의 왕대별로 『실록』을 편찬하는 전통이 있었으며, 이는 조선시대에도 계속되어 조선왕조실록이 편찬되었다.

③ 조선왕조실록은 편찬의 공정성을 위해 국왕이 승하한 뒤 실록청을 설치하여 『실록』을 편찬하였다.

④ 예문관 한림이 사관으로 참가하여, 국왕과 신하의 국정 논의 과정에서의 언동과 행동을 기록한 『사초(史草)』를 작성하였다.

14 답 ④

📝 출제영역
3·1운동

3·1 운동은 1919년 1차 세계대전 이후 윌슨의 민족 자결주의의 영향을 받아 일어났다. 처음에는 민족 대표 33인이 태화관에서 기미독립 선언서를 발표하고 뒤이어 탑골공원에서 학생과 시민을 중심으로 시위가 확대되었다. 이때부터 시위는 전국적으로 확대되었고, 농촌 지역으로의 확대 과정에서 많은 주민들이 죽거나 다치면서 무력 저항으로 변모하였다.

④ 3·1 운동은 일제가 무단통치에서 문화통치로 조선의 식민 통치 방식을 변화하고, 대한민국 임시정부가 수립되는 계기가 되었다.

오답풀이

① 상하이의 신한청년당은 파리강화회의에 김규식을 대표로 파견하였고, 이것은 2.8 독립선언과 3.1운동에 영향을 주었다. 3.1운동 이후에 김규식이 파리강화회의에 파견된 것이 아니다.

② 통감부는 1906년부터 1910년까지 존속하였다. 따라서 3.1 운동이 통감부의 탄압을 받았다는 설명은 옳지 않다.

③ 1925년 일본은 치안유지법을 통해 사회주의자들이나 독립운동가들을 탄압하였다.

15 답 ④

📝 출제영역
정미 7조약

제시문의 내용은 1907년의 정미 7조약이다. 정미 7조약의 주요 내용으로는 차관을 일본인으로 임명, 통감부의 인사권 강화, 대한제국의 군대 해산 등이 있다.

④ 한국 병합 조약(1910)의 주요 내용은 대한제국의 주권을 박탈하고 조선총독부를 설치하여 대한제국을 일본의 식민지로 삼는 것이다.

오답풀이

① 한일의정서는 1904년 러일 전쟁을 앞두고, 한국과 일본 사이에 교환된 의정서이다. 주요 내용으로는 일본이 대한제국의 독립과 영토 보전을 확실히 보증함과 동시에 대한제국 내의 주요 군사 요지를 일본군이 점령하는 것 등이 있다.

② 을사조약(제2차 한일 협약, 1905)의 주요 내용은 대한제국의 외교권 박탈, 통감부 설치 등이 있다.

③ 제1차 한일 협약(1904)의 주요 내용은 대한제국에 외국인 고문을 두는 것이다. 이 조약 체결 이후 대한제국의 재정 고문으로 메가타, 외교 고문으로 스티븐슨이 임명되었다.

16 답 ①

📝 **출제영역** 동학농민운동

제시문의 (가) 전라도 각지에 집강소가 설치된 것은 1894년 6월 경으로 동학 농민군이 전주성을 점령하고, 조선 정부와 전주화약을 맺은 직후이다. (나) 청과 일본이 체결한 시모노세키 조약을 맺은 것은 청일전쟁을 종결하는 조약으로 1895년 3-4월 경이다. 청나라가 일본에 요동반도와 타이완을 할양하고, 배상금을 지급하는 것이 조약의 주요 내용이며 이후 청은 조선에 대한 종주권을 사실상 포기했다.
① 청일전쟁(1894. 7, -1895. 4.)은 조선에 대한 지배권을 둘러싸고 중국(청)과 일본 간에 벌어진 전쟁이다.

📂 **오답풀이**

② 을미개혁 시기(1895. 10.)에 중앙에는 친위대와 시위대를, 지방에는 진위대를 설치하였다.
③ 삼국간섭은 (나) 시모노세키 조약 체결 이후 일본이 청으로부터 요동 반도를 할양받자 이에 위협을 느낀 러시아가 프랑스, 독일과 함께 일본을 압박하여 일본이 요동반도를 청에게 반환하게 한 것으로 삼국간섭 이후 고종과 명성황후는 러시아를 통해 일본을 견제하고자 하였다.
④ 고부 농민 봉기(1894.1.)는 고부 군수 조병갑의 횡포로 시달리던 농민들이 전봉준을 필두로 고부 관아를 점령한 사건으로 동학 농민 운동의 시초가 되었다.

17 답 ②

📝 **출제영역** 1910년대 회사령

제시문은 1910년대 무단통치 시기 발표된 회사령이다. 회사령(1910. 12.)은 조선 내에서 회사를 설립하려면 총독의 허가를 받아야 한다는 내용으로 1920년에 허가제에서 신고제로 바뀌었다. 헌병경찰제도는 1910년 6월 24일 일제가 대한제국의 경찰권을 완전히 접수하고, 29일 「통감부경찰관서제」(칙령 제296호)를 공포하면서 헌병 경찰 제도의 근간을 완성시켰다.
② 신민회는 1907년에 결성되어 105인 사건(1911)으로 해산될때까지 활동한 애국계몽운동 단체이다.

📂 **오답풀이**

① 경찰범 처벌 규칙은 조선총독부가 1912년 3월에 공포한 법령으로, 오늘날의 경범죄 처벌법에 해당한다.
③ 민립 대학 설립 운동은 문화통치 시기 제2차 조선 교육령의 영향으로 이상재가 주도하여 설립된 대학 설립 운동이다. 이에 민립 대학 기성 준비회가 결성(1922)되었고, 1천만이 1원씩이라는 구호로 모금 활동을 하였다.

④ 애국반은 민족말살 통치기 조직된 국민정신총동원조선연맹(1938)의 후신인 국민총력조선연맹(1940)의 산하조직으로 일제강점기 전시체제하에서 조선인의 생활을 감시·통제하기 위해 만들어졌다.

18 답 ②

📝 **출제영역** 대한민국의 헌법 개정

ㄱ. 1952년 개정된 헌법은 대통령 직선제와 상하 양원제를 골자로 하는 정부측 안과, 내각책임제와 국회단원제를 골자로 하는 국회안을 절충해서 통과시켰다고 하여 발췌개헌이라 이름 붙였다.
ㄷ. 6월 민주항쟁 이후 대통령 직선제, 5년 단임의 9차 헌법 개정(1987. 10.)이 이루어졌고, 이후 제13대 대선(1987. 12.)에서 노태우가 대통령으로 당선 되었다.

📂 **오답풀이**

ㄴ. 1952년 헌법 개정은 국회의원들이 강제로 연행, 동원되어 기립표결로 이루어졌다(부산 정치 파동). 헌법개정시 국민투표를 실시한 것은 5차 개헌 이후이다.
ㄹ. 박정희의 군부 세력은 5.16 군사정변을 일으킨 뒤 전국 비상계엄을 선포하고 국가 재건 최고 회의를 구성하였다(5. 18.).

19 답 ①

📝 **출제영역** 김영삼 정부

제시문은 김영삼 정부 시기 지방자치제도를 전면적으로 실시한다는 내용이다.
① 금융실명제는 1993년 대한민국의 모든 금융거래를 금융거래 당사자 실제 본인의 이름으로 하도록 도입한 제도이다. 또한 김영삼은 대통령에 취임하자마자 군대 내 사조직인 하나회를 숙청하였다.
김영삼 정부 시기 대표적인 정책으로는 금융 실명제(93), 부동산 실명제(95), 공직자 재산 등록제(93), 지방자치제 전면 실시(95)가 있으며, 역사 바로 세우기 사업의 일환으로 총독부 건물을 해체하고, 국민학교를 초등학교로 명칭을 바꾸었으며, 전두환과 노태우를 구속시켰다. 또한 1994년에 우루과이 라운드 협정을 체결하고, 1996년데 OECD(경제 협력 개발 기구)에 가입 하면서 선진국 대열에 합류하였으나 1997년 IMF 외환위기를 초래하였다.

오답풀이

② 국제 노동 기구에 가입한 것은 1991년으로 노태우 정부 시기이다.
③ 중학교 무상 교육 전면 실시는 김대중 정부 시기이다.
④ 친일반민족행위 진상규명위원회가 조직된 시기는 노무현 정부 시기이다.

20 답 ②

📝 출제영역 원산 노동자 총파업

제시문은 원산 노동자 총파업이다. 원산총파업은 1929년 1월 13일부터 4월 6일까지 원산노동연합회 산하 노동조합원 2,200여 명이 참여한 한국노동운동사상 최대 규모의 파업이다. 임시정부의 국민대표회의 소집은 1923년 1-6월이고, 신간회 해체는 1931년이므로 원산 총파업이 들어갈 적절한 시기는 (나)이다.

오답풀이

① 대동 단결 선언은 1917년 상하이에서 신규식 등이 독립운동의 활로와 이론의 정립을 모색하기 위해 임시정부의 수립에 관한 민족대회의의 소집을 제의·제창한 문서이다.
③ 김구는 임시정부의 대외적, 대내적인 혼란을 타개하고자 특무활동을 위한 기구로 한인애국단을 조직하였다(1931. 10.). 한인애국단의 대표적인 활동으로 이봉창과 윤봉길의 의거가 있다.
④ 조선의용대는 1938년 중국의 한커우에서 결성된 중국 관내에서 조직된 최초의 한인 군사 조직이다.

8회

01	④	02	②	03	③	04	④
05	④	06	①	07	④	08	②
09	②	10	①	11	②	12	②
13	①	14	③	15	②	16	④
17	④	18	①	19	②	20	④

01 답 ④

📝 출제영역 성왕 대의 역사적 사실

제시문은 성왕 대에 전개된 관산성 전투(554)이다. 성왕은 백제의 중흥을 위한 노력으로 수도를 웅진에서 사비로 천도하고, 국호를 남부여로 개칭(538)하였다. 성왕은 신라 진흥왕과 연합하여 551년 한강 하류를 회복하였으나, 신라의 배신으로 한강 하류를 상실하자, 관산성을 공격하였으나 전사하였다.
④ 성왕은 중앙 관제를 6좌평에서 22부로 확대·개편하고, 수도에 5부와 지방에 5방을 두고 지방에 방령을 보내는 등 통치 체제를 정비하였다.

오답풀이

① 백제는 침류왕이 동진의 호승 마라난타로부터 불교를 수용하여 공인(384)하였다.
② 백제 근초고왕은 마한을 복속하여 남해안으로 진출하였다.
③ 신라의 법흥왕은 울진 봉평비를 세워 신라가 동해안 북부까지 영토를 확장하였음을 알렸으며, 노인법과 율령 체제 등을 기술하였다.

02 달 ②

📝 출제영역 백제의 통치제도

뇌물을 받거나 도적질한 자에게 3배를 배상하도록 하는 법은 백제의 법제이다.
② 백제 성왕 대에 방군제를 실시하여 전국을 5방으로 나누고 그 책임자를 방령이라고 불렀다.

📃 오답풀이

① 고구려는 지방 통치를 위해 5부에 욕살을, 성에 처려근지를 파견하였다.
③ 백제의 지배층은 왕족인 부여씨와 대귀족인 8성 귀족이었다. 통일신라시대에 수도에 거주하던 진골 귀족들이 금입택이라는 호화 저택에 거주하며, 섬과 전장을 소유하였다.
④ 신라의 진골 귀족들만 1관등부터 5관등까지의 관직에 들어갈 수 있었으며, 신라의 주요 국사를 처리하는 화백회의는 진골 귀족들만 참여할 수 있었다.

03 달 ③

📝 출제영역 백제의 고분

제시문은 백제의 시대별 고분 양식으로, 한성 시기에는 계단식 돌무지무덤, 웅진 시기에는 굴식 돌방무덤 또는 벽돌무덤, 사비 시기에는 규모가 작지만 세련된 굴식 돌방무덤이 만들어졌다.
③ 중국 남조의 영향을 받은 벽돌무덤의 벽과 천장에 사신도 등을 그려 넣었다. 벽돌무덤의 대표적인 예인 무령왕릉에는 벽화가 존재하지 않으나, 송산리 고분 6호분에는 사신도와 일월도가 그려져 있다.

📃 오답풀이

① 도굴이 어려워 많은 껴묻거리가 발굴된 무덤 형태는 신라의 돌무지 덧널무덤으로, 천마총, 호우총, 황남대총이 대표적이다.
② 봉토 주위를 둘레돌로 두르고 12지 신상을 조각한 무덤은 통일신라 시대의 무덤 형태로 김유신묘, 원성왕릉, 성덕왕릉이 대표적이다.
④ 고구려 후기에 조성된 굴식돌방무덤은 무덤의 천장을 모줄임 구조로 만들어졌다. 이러한 모줄임 천장 구조는 발해의 무덤 양식에 계승되었다.

04 달 ④

📝 출제영역 통일신라(신라 하대)의 문화

제시문은 신라 하대에 등장한 호족들에 대한 내용이다.
④ 풍수지리설은 지리적 환경이 인간 생활의 길흉화복에 영향을 끼친다는 인문 지리학으로, 신라 하대에 도선 등 선종 승려들에 의해 널리 보급되었다. 풍수지리는 지방의 중요성을 자각하는 계기가 되어 호족의 사상적 기반으로 작용하였다.

📃 오답풀이

① 고구려 영양왕 대에 태학박사 이문진이 왕명을 받아 『신집』 5권을 만들었다.
② 석재를 벽돌모양으로 쌓은 전탑 형식의 분황사탑은 신라 선덕여왕 대에 만들어졌다.
③ 북방 가마 기술이 도입되어 분청사기가 생산되기 시작한 때는 고려 후기(13세기경)이다.

05 달 ④

📝 출제영역 통일신라 사회

④ 화랑도는 진흥왕 때 국가적인 조직으로 개편·확대되었다. 진골 귀족의 자제들 중에서 화랑을 선발하고, 귀족과 평민으로 낭도를 구성하였다. 화랑도는 제천 의식을 거행하고 사냥과 전쟁 등을 수행하였다. 계층 간의 갈등을 조절·완화하고 국가의 인재를 양성하는 교육적인 기능을 담당하였으며, 신라 사회의 결속을 다지는 역할을 수행하였다.

📃 오답풀이

① 연수유전답은 일반 농민이 직접 소유하는 토지로 정전과 같은 성격이다.
② 『한산기』는 통일 신라 시대의 김대문이 지은 한산주(한강 유역) 지역에 대한 지리지로 현존하지 않는다.
③ 통일 신라의 중앙 군사조직은 9서당이다. 9서당에는 신라의 민족 융합 정책으로 신라인을 비롯한 백제인, 고구려인, 말갈인 등을 포함하였다.

06 달 ①

📝 출제영역 시대별 교육제도

① 고려의 숙종은 관학 진흥을 위해 서적을 보관하고 간행하는 국립출판사인 서적포를 설치하였다.

오답풀이

② 신라 원성왕 대에 유교 교육 진흥을 위해 국학의 학생들을 유교 경전의 이해 수준에 따라 상·중·하의 3등급으로 구분하여 관리를 채용하는 독서삼품과를 실시하였다.

③ 고려 예종이 양현고라는 장학재단을 설치하여 운영하였다.

④ 고려 공민왕이 성균관을 순수 유교교육 기관으로 개편하고, 이색을 성균관 대사성에 임명하였다.

07 답 ④

📝 출제영역   고려의 토지제도

(가)는 고려 태조 대에 실시한 역분전이고, (나)는 문종 대에 실시한 경정 전시과이다. 역분전이 실시된 때부터 문종 대 경정 전시과가 시행되기 전까지의 토지제도인 역분전과 시정 전시과, 개정 전시과에 대한 내용으로 옳지 않은 것을 고르는 문제이다.

역분전은 경종 대 시정 전시과가 시행되기 전까지 존속하였다. 역분전은 후삼국 통일 전쟁의 공신들에게 지급하였으며, 공로와 인품을 반영하였고, 관등을 고려하지 않았다.

경종 대에 실시된 시정 전시과는 전직(산관)·현직(직관) 관리에게 지급하였으며, 관등과 인품을 고려하여 지급하였다.

목종 대에 실시된 개정 전시과는 전직(산관)·현직(직관) 관리에게 지급하였으며, 인품을 고려하지 않고 오직 18관등에 따라 지급하였다.

ㄷ. 문종 대에 실시된 경정 전시과에서 실직이 없는 산관을 토지 지급 대상에서 제외하였다.

ㄹ. 문종 대에 전직(산관)을 제외하고 현직 관리에게만 토지를 지급하였고, 무반 대우가 개선되어 문·무관의 차별이 거의 사라졌다.

[오답풀이]

ㄱ. 역분전은 후삼국 통일 전쟁에 공이 있는 사람들에게 지급하였다.

ㄴ. 역분전은 공로와 인품을 고려하여 지급하였고, 시정 전시과는 관등과 인품을 고려하여 지급하였다. 목종의 개정 전시과가 실시되면서 인품을 배제하고 관등에 의해서만 지급하게 되었다.

08 답 ②

📝 출제영역   조선 전기 과학기술

② 세종 대에 이순지 등이 원의 역법인 수시력과 아라비아 역법인 회회력을 참고하여 한양을 기준으로 천체 운동을 계산하여, 우리나라 실정에 맞는 역법서인 『칠정산』 내·외편을 만들었다. 시헌력은 청나라 때 만들어진 역법으로, 조선은 1654년부터 사용하였다.

오답풀이

① 세종 대 경복궁에 간의대(簡儀臺)를 축조하고 간의, 혼의, 혼천의 등을 제작하여 천문관측을 하였다.

③ 세종 대 장영실 등이 물시계인 자격루(自擊漏)와 해시계인 앙부일구(仰釜日晷) 등을 제작하여 시간을 측정하였다.

④ 태종 대 주자소를 설치하고, 계미자를 주조하였다. 세종 대에는 태종 대의 계미자를 개량한 갑인자, 경자자 등의 금속활자를 주조하였으며, 밀랍 대신 식자판을 조립하는 방법이 창안되어 인쇄 능률이 크게 올랐다.

09 답 ②

📝 출제영역   임진왜란의 전개

제시문은 조선 선조 대에 발발한 임진왜란(1592~1598) 전개 과정 중 조·명 연합군이 평양성을 탈환(1593.1)한 일이다.

② 권율은 1593년 2월 행주산성에서 일본군과 싸워 크게 이겼다. 당시 조·명 연합군이 평양성을 탈환하자, 행주산성에 있던 권율은 명군과 함께 한양을 탈환하려 하였다. 그런데 조·명 연합군이 벽제관 전투에서 크게 패하고 평양으로 돌아가자 권율은 고립상태에 빠졌다. 일본군의 공격을 받았으나 최신 무기들과 화포들을 활용하여 7차례의 공격을 격퇴하는데 성공하여 행주대첩이라 불리며, 임진왜란 3대 대첩 중 하나로 손꼽히게 되었다.

오답풀이

① 1592년 7월 이순신이 이끄는 함대는 한산도 앞바다로 유인하여 왜군을 대파하였다.

③ 1592년 10월 목사 김시민은 진주에서 3,800여 명의 병력으로 2만여 명의 일본군을 맞아 성을 방어하는데 성공하여 호남을 보호하였다.

④ 1592년 6월 도순변사 신립이 충주 탄금대에서 일본군과 맞서 싸웠으나 전멸하였다. 충주 탄금대 전투의 패배로 일본군이 한양으로 진격하자 선조는 의주로 피란 길을 떠나게 되었고, 곧 한양은 일본에 함락되었다.

10 답 ①

📝 출제영역
정조의 정책

제시문은 정조 대인 1891년 육의전을 제외한 시전의 금난전권을 폐지한 신해통공이다. 정조는 민생 안정을 위해 신해통공의 조치를 시행하였으며, 저수지를 축조하고 대유둔전을 운영하였다. 또한 관영 수공업이 쇠퇴하고 민영 수공업이 성장함에 따라 공장안을 폐지하여 자유롭게 생산 활동을 할 수 있도록 하였다.
① 정조는 병법서인 『무예도보통지』를 편찬하여 장용영의 군사훈련용 지침서로 사용하였다.

💬 오답풀이

② 조선 숙종 대에 궁궐 수비를 위한 금위영이 설치되었다.
③ 조선 인조 대에 영정법이 시행되었다. 영정법은 풍흉에 관계없이 전세를 토지 1결당 미곡 4두로 고정시킨 조세 제도이다.
④ 조선 영조는 탕평 정국을 운영하면서 붕당 배후였던 재야 산림의 공론을 인정하지 않았으며, 그들의 근거지인 서원을 대폭 정리하였다.

11 답 ②

📝 출제영역
조선 후기의 국학 연구

② 정조 대에 이진흥이 엮은 『연조귀감』은 향리와 관련된 역사적 기록과 뛰어난 인물의 전기를 정리한 저서이다. 역대 서얼의 역사를 정리한 저서는 철종 대에 대구 유림들이 간행한 『규사』이다.

💬 오답풀이

① 이긍익은 조선 정치와 문화를 실증·객관적으로 정리한 야사 총서인 『연려실기술』을 기사본말체 형식으로 저술하였다.
③ 금석문의 1인자였던 김정희는 「금석과안록」을 지어 북한산비와 황초령비가 진흥왕 순수비임을 밝혔다.
④ 한치윤은 500여 종의 중국 및 일본의 자료를 참고하여 기전체 형식의 『해동역사』를 저술하였다. 『해동역사』는 고조선부터 고려 말까지를 저술한 통사이다.

12 답 ②

📝 출제영역
고려 숙종의 정책

고려 숙종 대에 의천의 건의로 주전도감을 설치하고 은병(활구), 삼한통보, 해동통보, 동국통보 등의 화폐를 발행하였다. 숙종은 1104년 윤관의 건의로 여진의 기병에 대응하기 위한 별무반을 편성하였고, 관학 진흥을 위해 서적을 보관하고 간행하는 서적포를 설치하기도 하였다.
② 숙종은 평양에 기자(箕子) 사당을 세워 국가에서 제사하였다.

💬 오답풀이

① 고려 성종은 주요 지역에 12목을 설치하고 목사를 파견하여 지방 통치 제도를 정비하였다.
③ 고려 태조는 지방 호족을 견제하기 위해 사심관과 기인 제도를 도입하였다. 사심관 제도는 중앙의 고위 관리에게 출신 지역의 호족을 관리하도록 한 제도이며, 통일 신라의 상수리 제도에 영향을 받은 기인제도는 지방 호족의 자제를 중앙에 파견하게 한 제도이다.
④ 광종은 왕권을 강화하기 위해 후주의 쌍기를 영입하여 과거 제도를 시행하고 광덕, 준풍과 같은 독자적인 연호를 사용하였다.

13 답 ①

📝 출제영역
고려 태조의 정책

(가)는 나주의 유력세력인 장화왕후 오씨를 아내로 맞이하여 혜종을 낳은 태조 왕건이다.
918년 고려를 건국한 태조는 936년 후삼국을 통일한 뒤, 호족 회유·회유정책, 민생 안정 정책, 북진 정책, 왕권 안정책 등 다양한 정책을 펼쳐 국가의 기틀을 마련하기 위해 노력하였다. 호족과의 결혼 정책과 사성 정책, 역분전 지급 등을 통해 호족을 회유하고, 사심관 제도와 기인 제도를 실시하여 통제하였다. 흑창을 설치하여 빈민을 구제하고자 하였으며, 고구려 계승 의식을 가지고 서경을 중시하였으며 거란을 배척하고 발해 유민을 포용하였다.
① 고려 태조는 국가를 정비하고 왕권을 안정시키기 위해 후대 왕들이 지켜야 할 내용을 담은 훈요 10조를 제시하였으며, 『정계』와 『계백료서』를 지어 관리들이 지켜야 할 규범을 제시하였다.

💬 오답풀이

② 고려 광종은 고려 초기의 불안한 왕권을 강화하기 위해 중국 후주의 쌍기를 영입하였으며, 신구 세력 교체를 위한 과거 제도를 도입하였다.

③ 고려 성종은 지방 통치 제도를 정비하기 위해 지방의 중소 호족을 향리로 편입하여 통제하는 향리 제도를 마련하였다.

④ 고려 정종은 거란의 침입에 대비하기 위해 고려에서 조직된 최초의 지방군인 광군을 설치하였다.

14 답 ③

📝 **출제영역** 　　　　　　　　　　　　 독립운동기(인물과 저서)

ㄱ. 박은식은 '나라는 형체이고 역사는 정신이다'라고 하면서 국혼을 강조하였다. 그가 저술한 대표 역사서는 『한국통사』와 『한국독립운동지혈사』가 있다. 또한 『안중근전』, 『천개소문전』 등의 위인전도 저술하였다.

ㄷ. 신채호는 낭가 사상(화랑도 사상)을 강조하였으며, 대표적인 저서로 부여족을 우리 민족의 중심으로 두고 국가주의·민족주의의 입장에서 역사를 서술한 『독사신론』, 역사는 아와 비아의 투쟁이라고 정의한 조선 상고사, 묘청의 서경 천도 운동을 강조한 조선사 연구초 등이 있다.

ㄹ. 주시경은 일제강점기에 『국어문법』, 『말의 소리』 등을 저술한 국어학자이다. 국문연구소는 1907년 학부 안에 설치한 한글 연구 기관으로 주시경은 국문연구소 개설 당시 의원이었다.

📂 **오답풀이**

ㄴ. 백남운은 마르크스 유물 사관을 토대로 우리나라의 역사를 세계사의 보편적 발전 법칙에 적용하였다. 그는 『조선사회경제사』와 『조선봉건사회경제사』를 통해 일제가 주장하는 식민지 정체성론을 반박하였다.

15 답 ②

📝 **출제영역** 　　　　　　　　　　　　 1960년대 역사적 사실

ㄱ. 진보당 사건은 1958년 1월 조봉암을 비롯한 진보당 간부들을 국가변란, 간첩죄 혐의로 체포하여 조봉암을 사형 집행(1959)한 사건이다. 이 사건 이후에 국가보안법이 개정(1958. 12.)되고, 조봉암을 옹호하던 경향신문이 폐간(1959. 4.)되었다.

ㄹ. 1960년 3.15 부정선거 직후 전국적으로 규탄시위가 일어났다. 그러던 중 마산에서 시위에 참가했던 김주열 학생의 시신이 발견되면서 시민들의 분노가 폭발하였다.

ㄷ. 허정은 1960년 4.19혁명으로 이승만 대통령이 하야한 뒤 외무부장관을 겸직하면서, 과도정부의 수반(대통령 권한대행)이 되었다.

ㄴ. 이승만 대통령의 하야 이후 대한민국은 제3차 개헌(1960. 6.)을 통해 의원 내각제와 양원제(참의원, 민의원)로 정치 제도를 바꾸고, 총선거를 실시하여 국무총리에는 장면, 대통령에는 윤보선이 선출되었다.

16 답 ④

📝 **출제영역** 　　　　　　　　　　　　　　　　 한인애국단

제시문의 (가) 는 한인애국단이고 제시문의 내용은 한인대국단 소속 이봉창의 의거이다. 임시정부의 김구는 임시정부의 대외적, 대내적인 혼란을 타개하고자 특무활동을 위한 기구로 한인애국단을 조직하였다(1931. 10.). 한인애국단의 대표적인 활동으로 이봉창과 윤봉길의 의거가 있으며, 특히 윤봉길의 의거는 중국 국민당이 임시정부를 지원하는 계기가 되었다.

④ 해방 이후 김구는 '3천만 동포에게 읍고함'을 발표 후 통일 정부 수립을 위한 남북한 정치 지도자 회담을 김일성 등에게 제안하였고, 김규식과 함께 남북연석회의에 참여하였다.

📂 **오답풀이**

① 강우규는 대한국민노인동맹단 라오허현 지부장으로 사이토 마코토 총독 처단 투탄 의거를 일으킨 독립운동가이다.

② 안중근은 1909년 3월에 동지 12명이 모여 이토와 이완용 제거를 단지의 피로써 맹세하고 9월 하얼빈 역에서 이토를 사살하였다.

③ 장인환은 일제강점기에 하와이로 노동 이민하여 항일단체인 대동보국회에 가입하였고, 친일 외교고문이었던 스티븐스를 저격하였다.

17 답 ④

📝 **출제영역** 　　　　　　　　　　　　　　　　　 광무개혁

(가) 고종은 1897년 경운궁(덕수궁)으로 환궁하고 광무라는 새로운 연호를 제정하였다.

연호 : 개국(제1차 갑오) → 건양(을미개혁) → 광무(광무개혁) → 융희(1907, 순종)

(나) 환구단(원구단)은 고종이 대한제국을 수립하고 황제로 즉위하면서 제천의식을 거행하기 위해 조성한 곳으로 고종은 이곳에서 황제 즉위식을 거행하였다. 만동묘는 충청북도 괴산군에 있는 조선후기 명나라의 신종을 위해 세운 사당이다.

(다) 고종은 1897년 10월 12일, 새롭게 황제국을 선포하고 국호를 대한제국으로 고쳤다.

18

답 ①

📝 **출제영역**
갑신정변

속음청사는 대한제국의 관료이자 학자인 김윤식이 저술로 동학농민운동과 청일전쟁, 갑오개혁, 을미사변, 아관파천 등 급변하는 국내외 정세에 관해 기록하였다. 제시문에서 밑줄 친 이 사건은 당사자가 일이 실패한 후 '역적'으로 몰린 것으로 보아 갑신정변임을 알 수 있다. 갑신정변은 1884년 12월 4일 김옥균, 박영효, 홍영식, 서광범, 서재필 등 급진개화파가 청나라로부터의 독립과 조선의 개화를 목표로 일으킨 정변이었으나, 청나라의 군사 개입과 민중의 지지를 얻지 못함으로써 3일 만에 실패로 돌아갔다.

① 임오군란 이후 조선 정부는 일본과 일본 공사관 경비를 위한 군대 주둔, 55만원 배상금 지불을 규정한 제물포 조약(1882. 7.)을 체결하였다.

💬 **오답풀이**

② 급진개화파들은 1884년 홍영식이 총판으로 있는 우정 총국의 개국 축하연을 이용하여 정변을 일으켰다. 이후 그들은 민씨 정권의 고관들을 살해하고 고종과 민비를 경우궁으로 이동시켰다.

③ 갑신정변 당시 발표된 14개조 정강의 주요 내용은 청에 잡혀간 흥선 대원군 귀국, 청에 대한 조공 허례 폐지(사대 청산), 지조법 개정(조세제 개혁O, 토지제 개혁×), 내시부 폐지, 순사 제도 설치, 혜상공국 폐지, 호조로 재정을 일원화, 대신·참찬은 의정소에 모여 의결·정령 공포(→입헌 군주제) 등이 있다.

④ 갑신정변 당시 무력 충돌하였던 청과 일본은 조선에서 청·일 양국 군대를 철수시키고 조선의 요청으로 군대를 파병할 시에 상호 통보하도록 하는 조약인 톈진 조약(1885. 3.)을 체결하였다.

19

답 ②

📝 **출제영역**
5.18 민주항쟁

제시문은 5.18 광주 민주화 운동과 관련된 내용이다. 1979년 전두환·노태우의 신군부는 12·12 사태를 일으켜 정권을 장악하였다. 이에 1980년 5월에는 서울의 대학생들을 중심으로 신군부 퇴진, 유신 철폐를 내세우면서 시위를 하였다(서울의 봄). 그러나 신군부는 비상 계엄을 전국적으로 확대하였고(5. 17.) 광주에서 이에 불복하여 민주화 운동을 이어가며 시민군을 결성하였다. 신군부는 광주에 공수부대를 투입하여 시민 무장 봉기를 진압하였다.

💬 **오답풀이**

① 5.18 광주 민주화 운동 진압 이후 전두환 정권은 대통령 7년 단임제(대통령 선거인단에서 선출, 간접선거)로 헌법을 바꿨다(제8차 개헌, 1980. 10.).

③ 전두환 정권 시기에 저유가, 저금리, 저달러의 3저 호황에 힘입어 국제 무역 수지 흑자(1986)를 기록하였다.

④ 정권 말기 전두환은 기존 헌법에 따른 차기 대통령 선출(간선제 유지)한다는 4·13 호헌 조치를 발표하였다(1987).

20

답 ④

📝 **출제영역**
화폐정리사업

제시문은 화폐정리사업의 내용이다. 1904년부터 시작된 구화폐의 정리사업이다. 백동화 등 구화폐를 일본 제일 은행권으로 교환하는 사업으로 화폐의 질에 따라 차등 교환하였다(갑종 100%, 을종 40%, 병종 폐기). 화폐정리사업으로 근대화폐제도가 확립되었으나, 한국의 침략 기반을 다지려는 일제의 적극적인 간섭 하에 추진되었기에 대한제국 정부의 화폐에 대한 지배권이 사실상 일본 제일은행으로 넘어가게 되었다.

④ 대한제국 정부의 화폐에 대한 지배권이 사실상 일본 제일은행으로 넘어갔다.

💬 **오답풀이**

① 화폐정리사업 당시 화폐의 질에 따라 차등 교환(갑종 100%, 을종 40%, 병종 폐기)함으로 한국 상업 자본에 타격을 주었다.

② 1904년 8월 제1차 한일협약을 체결하면서 대한제국 정부는 일본 정부가 추천하는 메가타를 그 해 9월 재정 고문으로 고용하였고 그의 의견에 따라 화폐정리사업을 실시하였다.

③ 화폐정리 사업에 드는 화폐정리의 비용 및 자금으로 300만 엔 차관을 도입하였다.

9회

01	②	02	③	03	④	04	③
05	①	06	③	07	②	08	③
09	①	10	④	11	①	12	③
13	②	14	③	15	③	16	④
17	③	18	④	19	④	20	①

01

답 ②

📝 출제영역　　　　　　　　　연호 사용한 왕대의 사실

ㄱ. 영락은 고구려 광개토대왕 대의 연호이다.
ㄴ. 건원은 신라 법흥왕 대의 연호이다.
ㄷ. 대흥, 보력은 발해 문왕 대의 연호이다.
ㄹ. 광덕, 준풍은 고려 광종 대의 연호이다.
② 불교 진흥을 위해 분황사와 영묘사를 창건한 왕은 선덕여왕이다. 법흥왕은 이차돈의 순교를 계기로 불교를 공인하였다.

📖 오답풀이

① 고구려 광개토대왕은 남쪽으로는 백제를 공격하여 한강 이북 지역을 차지하고, 신라의 요청으로 신라에 침입한 왜를 격퇴하여 가야 지역까지 진출하였다. 만주지역의 후연과 부여, 숙신을 정복하여 요동 지역을 차지하였다.
③ 발해 문왕은 당과 친선관계를 맺고 당의 문물을 받아들여 3성 6부제 등 체제를 정비하였다.
④ 고려 광종은 빈민 구제를 위해 제위보를 설치하였다.

02

답 ③

📝 출제영역　　　　　　　　　발해에 대한 사실

제시문의 대씨의 나라는 발해이다. 대조영은 고구려 유민과 말갈 집단과 함께 지린성 동모산 지역에서 698년 발해를 건국하여, 신라와 남북국의 형세를 이루었다.
③ 발해 문왕 대에 당과 친선관계를 맺고 당의 문물을 수용하여 3성 6부제의 중앙 관제를 마련하였다. 발해의 3성 6부제는 당의 문물을 수용하되 6부의 명칭을 충·인·의·지·예·신과 같은 유교식으로 변경하여 발해의 독자성을 유지하였다.

📖 오답풀이

① 골품제로써 관료제를 운영한 나라는 신라이다.
② 발해 선왕 대에 주변 말갈 세력을 복속하였으며, 전성기를 맞이하여 중국으로부터 해동성국이라 불렸다.
④ 고려 태조는 사심관과 기인제도를 시행하여 호족세력을 견제하였다.

03

답 ④

📝 출제영역　　　　　　　　　고려의 시기별 사실

고려 건국은 918년, 후삼국 통일은 936년, 노비안검법은 고려 광종 대, 초조대장경을 제작하기 시작한 때는 고려 현종 대(1011), 별무반 설치는 고려 숙종 대(1104)이다.
④ 고려 숙종 대인 1101년에 주전도감이 설치되었다.

📖 오답풀이

① 903년에 왕건이 나주를 점령하였다.
② 고려 성종 대인 983년에 12목을 설치하여 지방 제도를 정비하였다.
③ 경정 전시과는 문종 대인 1076년에 시행되었다.

04

답 ③

📝 출제영역　　　　　　　　　강수와 지눌

(가)는 신라 중대에 활동한 6두품 출신의 강수로, 신라의 3대 문장가로 꼽힌다.
(나)는 고려 무신 집권기에 활동한 보조국사 지눌이다.
ㄴ. 강수는 당시 문무왕의 동생인 김인문을 억류하고 있던 당나라에 그의 석방을 요구하는 「청방인문표」를 보냈다.
ㄷ. 지눌은 수행방법으로 돈오점수와 정혜쌍수를 주장하며, 선종을 중심으로 교종을 포섭하여 선종과 교종의 융합을 추구하였다. 타락한 불교계를 개혁하기 위해 수선사 결사 운동을 전개하였으며, 순천 송광사를 결사 운동의 근거지로 삼았다.

📖 오답풀이

ㄱ. 강수는 6두품 출신으로, 6관등 아찬까지 올라갈 수 있었다.
ㄹ. 강진의 백련사를 중심으로 새로운 불교 운동인 결사(結社)를 조직한 인물은 요세이다. 천태종의 승려인 요세는 자신의 행동을 진정으로 참회하는 법화 신앙을 중심으로 삼고 백련 결사운동을 전개하였다.

05

답 ①

📝 출제영역
고려의 중앙 정치제도

① 식목도감은 중서문하성의 재신과 중추원의 추밀이 모인 합좌 기구로, 대내적인 법제 제정과 격식을 관장하는 고려의 독자적인 기구이다. 국가의 재정회계를 관장하는 관서는 삼사이다.

📖 오답풀이

② 어사대는 백관을 규찰하고 탄핵하는 관청이다.

③ 중추원은 군사 기밀을 담당하는 추밀(2품 이상)과 왕명을 출납하는 승선(3품 이하)으로 구성되어 있었다. 중추원이 개편되어 추밀원이라 불리면서 추부라고도 불렸다.

④ 대간은 어사대의 관원과 중서문하성의 낭사로 구성되어 있었으며, 간쟁·봉박·서경권을 가지고 있었다. 간쟁은 왕의 잘못을 직언하는 권리이며, 봉박은 잘못된 왕명을 돌려보내는 권리이며, 서경은 관리 임명에 동의하는 권리이다.

06

답 ③

📝 출제영역
우왕 대의 사실

제시문은 철령위 설치에 대한 내용으로, 고려 우왕이 재위하던 시기임을 알 수 있다. 1388년 명나라는 고려에 철령이북의 땅에 철령위를 설치하겠다고 통보하자, 이에 반발한 우왕은 최영과 함께 요동 정벌을 추진하였다.

③ 친원파였던 이인임은 1388년 우왕 때 최영과 이성계에 의해 숙청되었고, 이인임을 따르던 임견미와 염흥방 등도 함께 숙청되었다.

📖 오답풀이

① 고려 문종 대에 최충의 문헌공도를 비롯한 사학 12도가 융성하였다.

② 독창적 기법인 상감법이 개발되어 상감청자가 유행한 시기는 12세기 중엽이다.

④ 우리나라 최초의 금속활자본인 상정고금예문이 인쇄된 시기는 1234년이다.

07

답 ②

📝 출제영역
고려시대 역사서

ㄱ은 김부식의 『삼국사기』(1145), ㄴ은 일연의 『삼국유사』(1281), ㄷ은 이제현의 『사략』(1357), ㄹ은 각훈의 『해동고승전』(1215)이다.

② 따라서 역사서가 편찬된 순서는 『삼국사기』(1145)→ 『해동고승전』(1215)→『삼국유사』(1281)→『사략』(1357)이다.

📖 오답풀이

ㄱ. 고려 중기에 편찬된 김부식의 『삼국사기』는 삼국의 역사를 유교적 합리주의 사관에 기초하여 기전체로 서술하였다. 신라 계승 의식이 반영되어 있으며, 우리나라 현존하는 최고(最古)의 역사서이다.

ㄴ. 고려 후기에 편찬된 일연의 『삼국유사』는 불교사를 중심으로 고대 민간의 설화 등을 수록하여 우리 고유의 문화와 전통을 중시하였다. 단군 신화를 최초로 기록하였으며, 기사본말체로 서술하였다.

ㄷ. 고려 후기에 편찬된 이제현의 『사략』은 성리학적 유교 사관에 따라 정통과 대의명분을 강조하였다. 개혁을 통해 왕권을 중심으로 국가 질서를 회복하려는 의식이 반영되어 있다.

ㄹ. 고려 후기에 편찬된 각훈의 『해동고승전』은 삼국에서 고려까지 고승들의 전기를 정리하여 편찬하였다. 교종 중심으로 불교의 역사를 정리하였다.

08

답 ③

📝 출제영역
조선 후기의 경제 활동

(가) : 조선 후기에 장시와 발달로 인해 활약한 보부상이다. 보부상(행상)은 상단을 형성하여 지방 장시를 돌아다니면서 활동함으로써 지방 장시를 하나의 유통망으로 연결시켰다.

(나) : 조선 후기의 내상이다. 내상은 동래(부산)를 중심으로 초량 왜관 후시를 통해 대일 무역에 종사하였다.

(다) : 조선 후기에 포구에서의 상업 발달로 등장한 객주·여각이다. 객주·여각은 포구에서 물품의 매매를 중개하고, 운송·보관·숙박·금융업 등의 업무를 담당하였다.

(라) : 조선 후기 상품 화폐 경제의 발달로 민간수공업자들의 작업장인 점(店)이 등장하였다. 조선 전기에는 관영 수공업 운영 방식으로 공장안(장인 등록제)에 따라 운영하였으나, 후기에는 장인세를 납부 후 자유롭게 수공업품을 생산하도록 하였다. 그리하여 수공업품 생산을 전문적으로 하는 마을인 점촌이 형성되어 민간 수공업자들이 제품을 생산하고 판매하였다.

③ 조선 후기에 포구가 새로운 상업 중심지로 떠올랐으며, 장시보다 규모가 컸다.

📝 오답풀이

① 15세기 말부터 남부지방에서 개설된 장시는 18세기 중엽에는 1,000여 개소가 개설되어 전국적으로 확산되었다. 보통 5일장 중심으로 여러 장시가 하나의 유통망을 형성하였으며, 일부 장시는 상설 시장화되었다.

② 17세기 이후 일본과 국교가 정상화된 이후, 내상은 동래를 중심으로 초량 왜관 개시·후시를 통해 대일무역이 이루어졌으며, 인삼·쌀·무명을 수출하고 은·구리·황·후추 등을 수입하였다.

④ 선대제의 성행으로 자본이 부족한 수공업자들이 공인이나 대상인에게 자본과 원료를 미리 받아서 제품을 생산하며 상업 자본에 예속된 형태로 활동하였다. 18세기 후반에는 독자적으로 제품을 생산하고 판매하는 독립 수공업자들이 등장하였다.

09
답 ①

📝 출제영역 **동인과 서인**

제시문의 ㉠은 서인, ㉡은 동인이다. 사림은 척신 정치의 청산 문제와 이조전랑의 임명 문제를 둘러싼 대립으로 동인과 서인으로 나뉘면서 붕당이 형성되었다.
① 서인은 이이·성혼의 문인들이며, 동인은 이황·서경덕·조식의 문인들이다.

📝 오답풀이

② 동인은 정여립 모반 사건(1589)을 서인인 정철이 조사하면서 동인들이 큰 피해를 입은 기축옥사와 정철이 광해군을 왕세자로 책봉할 것을 건의한 것을 선조가 반발한 세자 건저의 사건(1591)으로 정철(서인)의 처벌 문제를 둘러싸고 남인과 북인으로 분화하였다. 남인은 이황의 문인들로 서인 처벌에 온건적이었고, 북인은 조식의 문인들로 서인 처벌에 강경하였다.

③ 숙종 대에 허적(남인)이 왕의 허락없이 궁중의 물건을 사용한 문제와 허견(허적의 아들)의 역모설로 남인을 축출하고 서인을 중용한 경신환국(1680)이 발생하였다. 경신환국의 결과로 집권한 서인은 남인의 처벌에 대한 입장 차이로 노론(강경파)과 소론(온건파)이 분화하였다.

④ 율곡 이이는 동인의 김효원과 서인의 심의겸 모두를 비판하며 정쟁 조정을 위해 노력하였으나 실패하였다.

10
답 ④

📝 출제영역 **이이의 활동**

제시문은 존화주의적 역사관을 바탕으로 기자를 추앙하고, 사림이 추구하는 왕도정치가 기자로부터 비롯되었다고 평가한 이이의 『기자실기』이다.
㉢ 이이는 성리학 초심자들을 교육하기 위한 아동들의 수신서인 『격몽요결』을 편찬했다.
㉣ 이이는 왕도 정치의 이상을 문답형식으로 정리한 『동호문답』을 저술하여 선조에게 올렸다.

📝 오답풀이

㉠ 이황은 군주 스스로 성학을 따를 것을 제시한 왕의 수신 교과서인 『성학십도』를 편찬했다.
㉡ 이황의 사상은 임진왜란 이후 일본으로 전래되어 동방의 주자라 불리며 일본 주자학의 발달에 큰 영향을 끼쳤다.

11
답 ①

📝 출제영역 **조선의 군사제도 변화**

ㄱ. 별기군은 고종 대(1881)에 설치되었고, ㄴ. 잡색군은 태종 대에 설치되었다. ㄷ. 어영청은 인조 대(1623)에 설치되었으며, ㄹ. 삼수병은 선조 대(1593)에 설치되었다.

📝 오답풀이

ㄱ. 별기군은 고종 대(1881)에 설치된 신식 군대로, 부국강병을 목표로 개화 정책을 추진하는 과정에서 창설되었다.

ㄴ. 태종 대에 설치된 잡색군은 유사시에만 동원되는 예비군이다. 농민은 제외하고, 서리·잡학인·신량역천인·노비로 구성되어 있다.

ㄷ. 인조 대(1623)에 설치된 어영청은 인조반정 후에 도성 방어와 후금 침입에 대비하기 위해 설치되었다.

ㄹ. 1593년 선조 대 발발한 임진왜란 도중에 편성된 삼수병은 훈련도감 소속으로, 포수·사수·살수로 구성되어 있었으며, 장기간 근무를 하고 일정한 급료를 받는 직업적 상비군이었다.

12 답 ③

📝 **출제영역**　　　　　　　　　고려의 신분층

③ 향·부곡·소의 거주민들은 법제적으로 양민이었으나 사회적·경제적으로 차별을 받았다. 경제적으로는 일반 양민보다 더 과중한 조세와 역의 의무를 부담해야 했다. 사회적으로는 과거 응시가 불가능하였고, 거주 이전의 자유가 없었으며, 국자감 입학이나 승려가 될 수 없었다.

📖 **오답풀이**

① 중류층인 남반은 궁중의 잡일을 맡는 내료직(內僚職)이다.
② 하급 장교들은 중류층의 군반에 속하며 군역을 세습적으로 담당하였다. 하급 장교들은 군공을 세우면 무반으로 신분 상승이 가능하였다.
④ 외거노비는 주인과 떨어져 독립적으로 생활하면서 주인에게 신공을 납부하였다. 토지나 가옥 등을 소유할 수 있어 재산 증식이 가능하였다.

13 답 ②

📝 **출제영역**　　　　　　　　　고려시대의 문화

② 관촉사 석조 미륵 보살 입상은 고려의 지역적 특색이 반영된 대형 석불이다. 부석사 소조 아미타여래 좌상은 신라의 전통 양식을 계승하여 제작된 불상이다.

📖 **오답풀이**

① 고려 후기에 민간에서 떠도는 이야기를 수집하여 기록한 패관문학이 등장하였다. 대표적으로 이제현의 『역옹패설』, 이규보의 『백운소설』, 이인로의 『파한집』 등이 있었다.
③ 고려 후기에 제작된 불화인 양류관음도는 왜구의 침입 때 약탈당하여 현재 일본이 소장하고 있다.
④ 안동 봉정사 극락전은 우리나라에서 현존하는 가장 오래된 목조 건축물로, 주심포 양식으로 건축되었다.

14 답 ③

📝 **출제영역**　　　　　　　　독립운동기(백남운)

③ 1930년대에 『조선사회경제사』, 『조선봉건사회경제사』 등을 저술한 백남운은 마르크스의 유물 사관을 바탕으로 한국사가 세계사의 보편적(일원론적) 법칙에 입각하여 발전하였음을 강조하면서 식민주의 사관의 정체성 이론을 반박하였다.

📖 **오답풀이**

① 문일평은 민족의식과 민족정신 고취를 위해 역사 연구의 최종 결집으로 일원적 정신인 조선심을 강조하였다. 그의 대표 저서로는 조선사화, 대미관계 50년사 가 있다.
② 정인보는 그의 저서 5천 년간 조선의 얼 에서 '얼' 중심의 정신사적인 역사관을 강조하였다. 그의 대표적인 저서로는 조선사 연구, 『광개토 대왕릉비문 연구』 등이 있다.
④ 『조선상고사감』은 안재홍이 우리나라 고대사와 관련된 여러 논문들을 모아 수록한 역사서이다.

15 답 ③

📝 **출제영역**　　　　　　　　　　6.25 전쟁

제시문은 1952년 개정된 헌법을 말하고 있다. 1952년에 개정된 헌법은 대통령 직선제와 상하 양원제를 골자로 하는 정부측 안과, 내각책임제와 국회단원제를 골자로 하는 국회안을 절충해서 통과시켰다고 하여 발췌개헌이라 이름 붙였다.

③ 반공포로 석방은 1953년 6월 18 - 19일 당시 부산, 광주, 논산 등 전국 8개 지역의 포로수용소에서 이승만 정권의 주도하에 반공포로 2만 7천여 명을 탈출시킨 사건으로 이것을 빌미로 이승만 정권은 주한 미군 주둔과 경제·군사 원조를 미국에게 요구하였다.

📖 **오답풀이**

① 인천상륙작전은 맥아더 장군이 북한의 남침 이후 인천 지역에 대한 작전을 통해 북한군의 병참선과 배후를 공격하여 전쟁을 반전시킨 상륙작전이다(1950. 9. 15.).
② 흥남철수는 미 제10군단과 국군 제1군단이 1950년 12월 15일부터 23일까지 흥남항구를 통해 철수한 작전이다. 장진호 전투에서 중공군에 밀려 많은 피해를 입고 퇴로가 차단된 국군과 미군은 흥남에서 대규모 철수 작전을 개시하였다.
④ 에치슨 선언은 1950년 1월, 미국의 국무장관 애치슨이 미국의 극동 방위선을 발표한 선언이다. 애치슨은 미국의 동북아시아 방위선을 타이완의 동쪽 즉, 일본 오키나와와 필리핀을 연결하는 선이라고 말하였다.

16 답 ④

📝 **출제영역** 한일의정서

한일의정서는 1904년 2월 한국과 일본 사이에 교환된 의정서이다. 러일전쟁이 임박하자 대한제국은 국외중립을 선언하여 양국 간의 분쟁에 끼어들지 않으려 했다. 그러나 일본이 한일의정서를 체결하였다. 한일 의정서의 주요 내용은 대한 제국의 영토 보전과 황실의 안녕 보증과 외교권 제한, 주요 군사 요지 점령, 시정 개선에 대한 충고 등이 있다.

ㄱ. 일본 제국은 1904년 2월 10일 러시아 제국에 선전포고하였지만, 선전포고에 앞서 2월 8일 여순항에 있는 러시아 제국의 극동 함대, 2월 9일에는 제물포항의 전함 두 척을 공격하였다.

ㄷ. 1904년 8월 러일전쟁에서 일본이 승기를 잡아가자 일본은 조선과 제1차 한일 협약을 체결하였다. 이 조약의 주요 내용은 고문 정치로 외교 고문에 스티븐슨, 재정 고문에 메가타가 파견되었다.

🗨 **오답풀이**

ㄴ. 한편 일본은 러일전쟁을 거치며 중요성을 깨닫게 된 독도에 해군 망루를 세우고 무선전신을 설치하고자, 1905년 1월 28일 독도의 일본영토 편입을 결정하였다. 일본 내각 회의의 결정으로 독도를 '다케시마(죽도)'라고 이름 붙이고, 독도를 시마네 현 소속으로 오키 도사의 관할 지역에 불법적으로 편입하였다.

ㄹ. 고종은 을사조약의 부당함을 알리기 위해 1907년 네덜란드의 헤이그에서 개최된 제2회 만국평화회의에 특사를 파견하였고, 이것이 빌미가 되어 고종은 황제의 자리에서 퇴위하였다(1907. 7.).

17 답 ③

📝 **출제영역** 근대 개화정책

제시문의 (가)는 방곡령 사건이다. 방곡령은 1883년 조일 통상 장정 개정(최혜국 대우 규정, 일본 상인의 내지 통상, 협정 관세, 방곡령)에서 조인 되었다. 1876년 개항 이후 일본으로의 미곡 수출이 증대되면서 곡물 가격이 폭등하고 흉작까지 겹치자 함경도(1889)와 황해도(1890) 등지의 지방관이 방곡령을 선포하였다. 그러나 일본이 '1개월 전 통지'규정 위반을 이유로 방곡령 철회를 요구했고, 결국 조선 정부는 방곡령을 철회하고 일본에게 배상금 지급하였다. (나)는 러시아의 이권 침탈이다. 아관파천 이후 러시아는 두만강·압록강·울릉도 삼림 채벌권(1896), 경성 광산 채굴권(1896), 용암포 점령(1903~1904) 등의 조선 내 이권 침탈을 가속화하였다.

③ 황국중앙총상회는 1898년 서울에서 창립된 시전상인의 단체로 외국상인의 침투에 대항하여 민족적 권익을 수호하면서 그 속에서 시전상인의 독점적 이익을 수호, 유지하려는 목적으로 설립되었다.

🗨 **오답풀이**

① 1876년 조선 정부는 일본 정부와 강화도조약을 체결한 이후 조일 수호 조규 부록을 체결하였다(개항장에서 일본 화폐 사용, 거류지(10리) 설정).

② 조선 정부는 일본과 1882년 조·일 수호 조규 속약을 맺어 간행이정을 10리에서 50리로 확대하였다.

④ 영국은 러시아의 남하를 저지하기 위해 거문도를 점령하였다(1885~1887).

18 답 ④

📝 **출제영역** 의열단

제시문은 조선혁명선언이다. 조선혁명선언은 1923년 신채호가 의열단의 지도자 김원봉의 의뢰를 받아 작성한 선언문으로, 의열단 선언이라고도 불린다. 의열단은 김원봉을 단장으로 하는 무장독립운동단체로 1919년 11월 9일 설립됐다. 의열단원들은 '공약 10조'와 '5파괴, 7가살'이라는 행동목표를 기본규약으로 삼아 독립운동의 지침으로 삼았다.

ㄴ. 의열단의 주요 활동으로는 박재혁의 부산 경찰서 폭탄 투척(1920. 9.), 최수봉의 밀양 경찰서 폭탄 투척(1920. 12.), 김익상의 조선 총독부 폭탄 투척(1921)과 일본 육군 대장 암살 시도(1922), 김상옥의 종로경찰서 습격(1923), 김지섭의 일본 도쿄 궁성 앞 이중교에서 폭탄 투척(1924), 나석주의 동양 척식 주식 회사, 조선 식산 은행 폭탄 투척(1926) 등이 있다.

ㄹ. 의열 투쟁에 한계를 느낀 의열단 지도부는 중산대학과 황포군관학교 입교를 통한 자기무장의 길을 선택하였다(1938).

🗨 **오답풀이**

ㄱ. 한국광복운동단체 연합회는 김구를 중심으로 대한민국임시정부를 주체로 하여 중국 내 독립운동 단체들과 그 밖에 미주의 독립운동 단체들이 연합하여 1937년 8월 결성되었다.

ㄷ. 1920년대 들어서 일제가 회사령을 폐지(1920)하고 관세를 폐지(1923)할 움직임을 보이자, 먼저 평양의 조만식을 중심으로 조선 물산 장려회가 결성(1920)되었다. 이후 서울로 지부를 옮기고(1923), 토산품 애용 및 저축·금주·금연을 주장하였다. 산하 모임으로 자작회(1922), 토산 애용 부인회(1923)이 있다.

19 답 ④

📝 **출제영역** 조선혁명군

제시문의 (가)는 조선혁명군이다. 남만주 지방에서 활동한 조선 혁명군은 양세봉이 지휘하였다. 이들은 중국의용군과 연합 전선을 펼쳤으며, 대표적인 전투로는 영릉가 전투(1932)와 흥경성 전투(1933)가 있다. 북만주 지방에서는 지청천의 한국 독립군이 활동하였다. 이들은 중국호로군과 연합전선을 펼쳤으며, 대표적인 전투로 쌍성보 전투(1932), 사도하자·대전자령·동경성 전투(1933)가 있다.

ㄷ. 영릉가 전투는 1932년 3월 양세봉의 조선혁명군과 중국의용군과 연합하여 일본군 점령하에 있던 만주 영릉가성을 공격하여 탈환한 전투이다.

ㄹ. 영릉가 전투에서 패전한 일본군은 같은 해(1932) 6월 15일 양대령을 넘어 흥경·청원 지방으로 공격하여 왔는데, 이 정보를 사전에 입수한 조선혁명군은 총사령관 양세봉의 지휘하에 1,000명의 병력으로 청원지방을 수비하고, 중국군은 1만 명의 병력으로 흥경성을 사수하였다.

💬 **오답풀이**

ㄱ. 쌍성보 전투는 1932년 9월 20일과 11월 17일에서 22일까지 두 차례에 걸쳐 한국독립군과 중국 측 항일의 용군인 길림자위군이 연합해 하얼빈 서남방의 쌍성보에서 일본군과 만주국군을 상대로 벌인 전투이다.

ㄴ. 보천보 전투(1937)는 김일성 등 일부 유격대가 함경남도 보천보의 경찰 주재소를 공격한 것이다.

20 답 ①

📝 **출제영역** 남북기본합의서

제시문은 남북기본합의서의 내용이다. 남북 기본 합의서의 정식 명칭은 남북한 화해와 불가침 및 교류·협력에 관한 합의서로 1991년 12월 13일에 체결되었다. 이는 남북 간에 이루어진 최초의 공식 합의라는 점에서 의의가 있으며, 조약의 주요 내용은 7·4 남북 공동 성명 재확인, 상대방의 체제 인정 및 상호 불가침, 남북은 나라 간의 관계가 아닌 통일을 향해 나아가는 '잠정적 특수 관계'로 명명, 군사 당국자 간 직통 전화 설치, 남북 군사 공동 위원회 설치, 판문점 남북 연락사무소 설치 등이 있다.

① 노태우 정부는 남북기본합의서가 체결되기 3년전인 1988년에 북한을 선의의 동반자로 인식하는 7·7 특별 선언을 발표하였다.

💬 **오답풀이**

② 7·4 남북 공동 성명은 1972년 박정희 정부 시기에 체결되었다. 조약의 주요 내용으로는 자주·평화·민족적 대단결 3대 평화 통일 원칙 최초 합의, 남북 조절 위원회 설치, 서울·평양 간 상설 전화 가설이 있다.

③ 김대중 정부 시기 최초의 남북 정상회담이 개최(2000)되었고, 남의 연합제 안과 북의 낮은 단계의 연방제 안의 공통성을 인정하는 6·15 남북 공동 선언을 발표하였다.

④ 노무현 정부 시기 2차 남북 정상 회담이 이루어졌고(2007) 남북 관계 발전과 평화 번영을 위한 선언(10.4 선언)이 체결되었다.

10회

01	④	02	③	03	③	04	②
05	④	06	①	07	①	08	④
09	③	10	①	11	④	12	④
13	③	14	②	15	④	16	①
17	④	18	①	19	③	20	②

01

답 ④

📝 **출제영역**   초기 여러 국가의 생활과 풍속

④ 옥저는 민며느리제의 풍습이 있었다. 민며느리제는 혼인을 약속한 여자 아이를 신랑 집에서 성인이 될 때까지 키운 다음 신부 집에 예물을 주고 정식으로 혼인하는 풍습이다.

📖 **오답풀이**

① 고조선의 8조법에는 사람을 죽인 자는 즉시 죽이고, 남에게 상처를 입힌 자는 곡식으로 갚도록 하였다. 이를 통해 노동력을 중시하고, 농업 중심의 사회이며, 고조선에 형벌이 존재하였음을 알 수 있다.
② 다른 부족의 영역을 침범하면 노비와 소, 말로 변상하게 하는 책화는 동예의 풍습이다.
③ 고구려에는 소를 죽여 길흉을 점치는 우제점법의 풍습이 있었으며, 매년 10월에 동맹이라는 제천행사를 개최하였다.

02

답 ③

📝 **출제영역**   백제와 고구려의 역사적 사실

(가)는 백제 동성왕과 신라 소지 마립간이 맺은 결혼 동맹(493)이며, (나)는 고구려 영양왕 대에 전개된 을지문덕의 살수대첩(612)이다.

ㄴ. 동성왕 다음으로 즉위한 무령왕은 양나라에 2차례에 걸쳐 사신을 파견하고 조공하여 외교 관계를 강화하였다. 이 때 백제가 여러 차례 고구려를 격퇴하여 다시 강국이 되었다는 서신을 보냈다.
ㄹ. 고구려 영양왕은 수문제가 고구려를 공격하기 위한 군대를 비밀리에 양성하고 있다는 소식을 접하자, 598년 말갈병 1만 명을 동원하여 요서 지역의 임유관을 선제 공격하였다.

📖 **오답풀이**

ㄱ. 475년 고구려 장수왕의 침입으로 수도 한성이 함락되고, 개로왕은 살해되었다.
ㄷ. 당 태종이 연개소문의 정변을 구실로 고구려를 침략하였으나, 645년 안시성싸움에서 고구려군이 당군을 물리쳤다.

03

답 ③

📝 **출제영역**   신라 경덕왕 대의 사실

제시문은 진골 귀족들의 반발로 녹읍이 부활(757)한 내용으로, 신라 경덕왕 대의 일이다.

③ 신라 경덕왕 대에 활동한 김대성의 발원으로 불국사와 석굴암이 건립되었다.

📖 **오답풀이**

① 신라 원성왕 때 독서삼품과가 실시되었다. 독서삼품과는 국학의 학생들을 유교 경전의 이해 수준에 따라 상·중·하의 3등급으로 구분하여 관리를 채용하는 제도이다.
② 혜공왕 사후에 무열왕 직계가 단절되면서 신라 중대가 끝나고, 신라 하대가 시작되었다.
④ 성덕왕 때인 717년 왕자 김수충이 당나라에서 공자와 10철, 72제자의 초상화를 들여와 국학에 안치하여 유교교육을 강화하였다.

04

답 ②

📝 **출제영역**   발해의 고구려 계승

발해가 고구려를 계승하였음을 보여주는 문화재는 온돌장치, 굴식돌방무덤의 모줄임 천장구조, 불상이나 기와, 벽돌무늬, 이불병좌상 등이 있다.

ㄱ. 발해의 수도 상경용천부 안에 있던 궁궐터에서 발견된 온돌장치는 고구려의 영향을 받았음을 보여준다.
ㄷ. 굴식돌방무덤의 모줄임 천장 구조는 고구려를 계승하였음을 보여준다. 대표적인 예로 정혜공주묘가 있다.

📖 **오답풀이**

ㄴ. 벽돌무덤은 당과 고구려 양식이 혼합되어 있으며, 벽돌무덤의 대표적인 예로 정효공주묘가 있다.
ㄹ. 발해 수도 상경에 있는 큰 도로인 주작대로는 당의 장안성에 있는 도로를 모방하여 만들어진 도로이다.

05
답 ④

📝 **출제영역**
광종의 정책

제시문의 왕은 쌍기를 등용하여 과거제를 실시한 고려 광종이다.
④ 광종은 개경에 귀법사를 창건하고, 광종의 신임을 받던 화엄종 승려인 균여를 귀법사의 주지로 삼아 불교 세력을 통합하고자 하였다. 광종은 귀법사에서 자주 법회를 열어 개혁세력의 결집을 위한 구심점으로 삼아 왕권을 강화하고자 하였다.

📖 **오답풀이**

① 고려 성종 대에 2성 6부제를 중심으로 하는 중앙 관제를 마련하였다.
② 국정을 총괄하는 정치 기구인 교정도감은 최충헌의 무신정권 때 설치되었다.
③ 고려 태조는 정계, 계백료서 등을 지어 임금에 대한 신하들의 도리를 강조하고, 관리가 지켜야 할 규범 등을 제시하여 통치 이념을 정비하였다.

06
답 ①

📝 **출제영역**
목종 대의 사실

<보기>의 사건은 1009년 강조가 목종을 폐위시킨 강조의 정변으로, 밑줄 친 왕은 목종임을 알 수 있다.
① 목종은 998년 기존의 시정 전시과에서 관등과 인품으로 지급하던 기준에서 인품을 삭제하고, 관품만을 기준으로 토지를 지급하는 개정 전시과를 시행하였다.

📖 **오답풀이**

② 고려 정종은 거란의 침입에 대비하기 위하여 광군 30만을 조직했다.
③ 고려 덕종 대에 거란과 여진의 침입에 대비하여 북쪽 국경 일대의 압록강에서 도련포에 이르는 지역에 천리장성을 축조하였다.
④ 고려 현종 대에 연등회와 팔관회가 부활되었다.

07
답 ①

📝 **출제영역**
김부식에 대한 설명

제시문은 『삼국사기』의 서문으로, 저자는 김부식이다.
① 묘청은 서경천도운동을 통해 수도를 서경으로 천도하려고 하였으나 김부식 등 개경 세력의 반대로 실패하였다. 그러자 묘청 세력은 서경에서 반란을 일으켰고, 김부식이 이끄는 관군에 의해 진압되었다.

📖 **오답풀이**

② 삼국의 민간 설화나 전래 기록을 많이 수록하여 우리 고유의 문화와 전통을 중시한 역사서는 일연의 『삼국유사』이다. 『삼국사기』에는 근거가 불확실한 민담이나 전설, 불교 관련된 기록은 거의 넣지 않았다.
③ 성리학은 고려 후기 안향에 의해 전래되었다. 따라서 김부식이 활동하던 고려 중기에는 성리학이 존재하지 않았다. 김부식은 개경 중심의 문벌귀족 세력의 대표로서 유교 사상을 기반으로 하고 있었다.
④ 일연의 『삼국유사』와 이승휴의 『제왕운기』는 단군 신화를 수록하여 우리 역사의 시작으로 보았다.

08
답 ④

📝 **출제영역**
원간섭기의 역사적 사실

제시문은 원간섭기였던 충렬왕 대의 재상 박유가 일부다처제를 주장한 내용이다.
④ 삼별초를 지휘했던 배중손은 1271년(고려 원종 대) 진도에서 여몽연합군에 의해 전사할 때까지 몽골과의 항쟁을 계속하였다. 따라서 충렬왕 대 이전의 일이다.

📖 **오답풀이**

① 원 간섭기였던 충렬왕 때 관제 격하의 일환으로 2성 6부가 첨의부와 4사로, 중추원을 밀직사로 격하하였다.
② 원 간섭기였던 14세기 중반에 북방 가마의 기술이 도입되어 분청사기가 생산되었다.
③ 원 간섭기에 친원 세력이 되어 고려의 새로운 지배층이 된 권문세족은 사패전을 이용하여 형성한 대농장을 경제적 기반으로 삼았다.

09
답 ③

📝 **출제영역**
조선 후기의 문화

ㄷ. 박세당의 『색경』은 과수, 축산, 기후, 수리, 양잠 등 농사에 관한 여러 내용을 다루고 있는 최초의 실학 농서이다.
ㄹ. 이중환의 『택리지』는 전국의 자연환경, 인물, 풍속, 물산, 인심 등을 정리한 인문 지리서로, 각 지역의 경제생활까지 포함하였다.

📖 **오답풀이**

ㄱ. 정선의 『인왕제색도』는 중국의 남종·북종화법을 수용하여 우리 고유의 자연과 풍속을 있는 그대로 묘사하는 진경산수화의 대표적인 작품이다.

ㄴ. 『고금석림』을 저술한 인물은 신경준이 아닌 이의봉이다. 『고금석림』은 우리나라 문헌에 기록된 어휘를 비롯하여 중국어·몽골어·일본어 등의 해외 언어까지 정리하였다. 유희가 저술한 『언문지』는 훈민정음의 운음을 연구하여 음운의 실제 발음을 명확하게 표현하고자 하였다.

ㅁ. 법주사 팔상전은 17세기 양반 지주층의 지원을 받아 건립된 사원이다. 18세기 부농·상인들의 지원을 받아 세워진 사찰은 부안 개암사, 논산 쌍개사, 안성 석남사 등이 있으며 강한 장식성을 가진 것이 특징이다.

10
답 ①

📝 **출제영역** — 송시열의 활동

제시문은 송시열이 작성하여 효종에게 올린 기축봉사 (1649)이다.

① 기사환국(1689)은 조선 숙종 대에 후궁 장씨의 아들을 원자로 삼으려는 숙종에 반대한 서인들을 숙청한 사건으로, 이때 서인의 영수였던 송시열은 제주도에 유배된 뒤 사사되었다.

🗨 **오답풀이**

② 유교경전에 대한 독자적인 해석을 시도한 인물은 윤휴이다. 송시열은 탈성리학적인 윤휴를 사문난적이라 공격하였다.
③ 도교 행사를 주관하는 소격서 폐지를 주장한 인물은 조선 중종 대에 활동한 조광조이다.
④ 백성들에게 고리대를 거두고 있던 내수사의 장리를 폐지할 것을 주장한 인물은 조광조이다.

11
답 ④

📝 **출제영역** — 조선의 향교

제시문은 중앙에서 교수와 훈도를 파견한 향교에 대한 내용이다.

④ 향교는 중등 교육 기관으로 전국의 부·목·군·현에 각각 하나씩 설립하였다.

🗨 **오답풀이**

① 성균관은 조선의 최고 학부 구실을 하였고 입학자격은 생원, 진사를 원칙으로 하였다.
② 4부학당은 동학·서학·남학·중학 네 개의 교육 기관으로 한양에 설립되었다.
③ 고려 국자감에 국자학, 태학, 사문학 같은 유학부가 있었다.

12
답 ④

📝 **출제영역** — 고대의 경제 제도

④ 주변 지역과의 교류 활성화를 위해 5도를 설치한 나라는 발해이다. 발해는 압록도(당), 일본도(일본), 신라도 (신라), 거란도(거란), 영주도(당)를 설치하여 당, 일본, 신라와 활발히 교류하였다.

🗨 **오답풀이**

① 소지 마립간 때 경주에 시장이 개설되었다.
② 식읍은 왕족과 공신에게 지급된 토지와 가호이다.
③ 촌주는 매년 인구, 가호, 노비 및 소와 말의 증감 등을 조사하여, 3년마다 민정문서를 작성하였다.

13
답 ③

📝 **출제영역** — 조선의 신분제도

③ 조운 업무를 담당하는 조졸은 상민에 속하였으나 천역에 종사한 신량역천으로 과거 응시에 제한을 받았다.

🗨 **오답풀이**

① 중앙 관직에 진출할 수 있던 고려 시대의 향리와 달리 조선의 향리는 중인 신분으로 지방관청에서 수령을 보좌하는 아전으로 격하되었다.
② 양반의 첩에게서 태어난 자손인 서얼은 적서 차별로 인해 중인과 같은 대우를 받았으며 문과 응시가 금지되었다.
④ 순조는 1801년 공노비 중 중앙관청 노비 6만 6천여 명을 양인으로 해방시켜주었다.

14

답 ②

📝 출제영역

이승만

제시문은 이승만의 정읍발언이다. 미소공동위원회가 결렬되고 좌익 중심의 찬탁운동과 우익 중심의 반탁운동의 대결이 극심해지는 가운데 1946년 6월 3일, 각지를 순회하는 도중 이승만은 정읍에서 남쪽만이라도 단독정부를 수립해야 한다고 발언하였다.

② 이승만은 여운형의 조선 건국 준비위원회가 세운 조선 인민 공화국(1945. 9. 6.)에 주석으로 추대되었으나 거부하였다.

🗒 오답풀이

① 1940년 임시정부는 김구의 한국 국민당, 조소앙의 한국 독립당, 지청천의 조선 혁명당을 합친 우익 통합 정당인 한국 독립당을 결성하였고, 김구가 임시정부의 주석이 되었다.

cf) 1930년대의 한국 독립당 : 1920년대 북만주 지역의 혁신의회(1928)의 계파가 1930년대에 들어와 김좌진 중심의 한족총연합회를 구성했으며, 김좌진이 암살되자 지청천 등이 이 연합회를 한국독립당으로 개편하였다.

③ 흥사단의 전신은 1909년 2월 국내에서 조직된 청년학우회였다. 미국에 건너간 안창호는 지식, 경제력, 도덕심이 국력을 좌우하는 요인이라 생각했다. 1913년 5월 13일 샌프란시스코에서 안창호의 주도로 흥사단이 설립되었다.

④ 제1차 미소공동위원회의 결렬, 좌우합작운동의 부진, 여운형의 암살 등은 중간파 세력의 결집을 느끼게 하였고, 남한 단독 정부 수립에 반대하는 김규식을 위원장으로 하여 민족 자주 연맹이 조직되었다(1947).

15

답 ④

📝 출제영역

5.16 군사정변

제시문은 1961년 5.16 군사정변 당시 혁명 공약의 내용이다. 당시 박정희를 중심으로 한 군부 세력은 주요 정부 기관을 점령하고 '혁명 공약'을 발표하였다. 그리고 이후 전국에 비상계엄을 선포하고, 군사 혁명 위원회를 거쳐 국가 재건 최고 회의를 구성하였다.

④ 국가보위비상대책위원회는 신군부가 대통령의 자문, 보좌기관 하기 위해 설치한 임시 행정기구로 전국 비상계엄 하에서 국가를 보위하기 위한 국책사항을 심의, 의결하여 대통령의 자문에 응하거나 대통령을 보좌한다는 명분으로 설치 및 운영되었다(1980. 5. 31.).

🗒 오답풀이

① 경제개발 5개년 계획은 박정희 정부 주도로 1962년부터 1996년까지 총 7차에 걸쳐 실행된 경제 발전 계획을 말한다.

② 1972년 10월 17일 국회가 해산되고 국민의 기본권 일부가 정지되는 긴급조치가 취해져 10월 유신이 단행되었다.

③ 새마을 운동은 근면·자조·협동의 기본 정신과 실천을 범국민적·범국가적으로 추진함으로써, 국가 발전을 가속적으로 촉진 시키려는 목적으로 1970년부터 시작된 범국민적 지역사회 개발 운동이다.

16

답 ①

📝 출제영역

을미의병

제시문은 을미의병과 관련된 격문이다. 을미의병이 일어난 주요 원인은 을미사변과 단발령에 대한 반발이었다.

① 을미의병은 이소응(강원), 유인석(충청), 허위(경상) 등 유생층들의 주도하여 의병장이 되었고, 동학의 잔여 세력이 가담하였다. 그러나 을미의병은 단발령 철회와 고종의 해산 권고로 자진 해산되었다.

🗒 오답풀이

② 정미의병의 배경은 고종의 강제 퇴위와 정미 7조약 체결로 인한 대한제국의 군대 해산이었다. 정미의병은 해산한 군인들이 의병에 합류하여 의병의 전투력이 강화되었고, 이인영 등이 전국 연합부대인 13도 창의군 결성하여 서울 진공 작전(1908)을 벌이는 등 의병 전쟁으로 발전한 것이 특징이다.

③ 정미의병 당시 이들은 각국 영사관에 의병을 국제법상 교전 단체로 인정해 줄 것을 요구하였다.

④ 을사조약 직후 고종은 을사조약의 부당함을 미국 대통령에게 알리기 위해 헐버트를 미국으로 파견하였지만 성과가 없었다. 이러한 을사조약에 자극을 받아 봉기한 것이 바로 을사의병이다.

17

답 ④

📝 출제영역

황국신민서사

제시문은 황국신민서사의 내용이다. 황국신민서사는 1937년 황국신민화 정책의 일환으로 조선총독부가 제정한 맹세이다. 또한 제3차 조선교육령의 국체명징, 내선일체, 인고단련 중심의 식민교육책과 연계되었다.

④ 조선일보, 동아일보가 폐간된 시기는 1940년이다.

오답풀이

① 1910년대 말 러시아에서는 러시아 혁명을 지지하는 군대(적군)와 이에 반대하는 제정 러시아 군대(백군)가 내전을 벌이고 있었다. 간도 참변 이후 독립군은 러시아의 자유시로 이동하였다. 자유시에 집결한 독립군 부대 내에서 통합 지휘권을 놓고 내분이 발생하자 적군과 일부 독립군이 무장 해제를 요구하였다. 대다수 독립군들은 이에 반발하였고, 결국 적군과 이들을 지지하는 독립군이 나머지 독립군을 공격하였다. 이로 인해 수많은 독립군이 죽거나 실종되었다.

② 1935년 난징에서 결성된 민족 혁명당은 의열단(김원봉), 조선혁명당(지청천), 한국독립당(조소앙) 포함 5개 조직들이 합쳐서 만든 정당으로 민족주의·사회주의 계열이 협력한 중국 관내 최대 통일 전선 정당이다. 하지만 임시정부의 김구는 여기에 불참했고, 이후 민족주의 계열 일부 인사들이 탈당하였다. 이후 1937년에 조선 민족 전선 연맹으로 개편하였다.

③ 암태도의 소작인들은 암태소작인회를 조직해, 약 1년 간(1923. 8. – 1924. 8.)에 걸쳐 암태도의 지주와 이를 비호하는 일제에 대항해 소작쟁의를 벌여 요구를 관철시켰다.

18

정답 ①

📝 출제영역

민립 대학 설립 운동

제시문은 1923년 동아일보에 수록된 민립대학기성회 발기 취지서의 내용이다. 1920년대에 들어서면서 일제는 문화통치를 하였고, 제 2차 조선교육령(1922)을 반포하면서 조선 내에 고등 교육 기관 설립이 가능해졌다. 이에 이상재를 중심으로 민립 대학 기성 준비회가 결성(1922)되었고, 1천만이 1원씩이라는 구호 아래 모금 운동을 실시하였다. 하지만 천재지변 등으로 인한 농촌 경제의 파탄과 일제의 방해로 모금이 부진하여 실패하였다. 이후 일제는 조선에 경성제국대학을 세웠다(1924).

① 1920년대 문화통치 시기에는 언론·출판·집회·결사의 자유 허용되어 조선일보, 동아일보가 창간(1920) 되었지만 일제로부터 각종 검열과 삭제를 받았다.

오답풀이

② 일제는 중일전쟁 이후 국가 총동원법을 공포(1938. 4.)하여 조선 내 인적·물적 자원을 총동원하였다. 이에 조선 미곡 배급 조정령(1939)을 통해 쌀을 공출하여 식량 배급제를 실시하였고, 금속 회수령(1941)을 통해 무기 제작 원료로 쓰일 쇠붙이를 공출하였다.

③ 조선태형령은 1912년 3월 18일에 공포된 법률로 조선인에게 한해 일상의 경범죄 처벌 방식으로 태형을 가할 수 있도록 한 법률이다.

④ 일제는 중일전쟁 이후 국가 총동원법을 공포(1938. 4.)하였고, 이에 근거하여 1939년 7월 7일 국민 징용령을 제정하여 10월 1일부터 조선 등 식민지에 시행했다.

19

정답 ③

📝 출제영역

근대(동학 농민 운동-독립협회)

제시문의 (가)는 동학 농민군의 2차 봉기 당시 전봉준이 충청감사에게 동참할 것을 권유하는 내용이다. 동학 농민군이 전주성을 함락하자 조선 정부는 동학 농민군과 전주화약을 체결하였다. 그리고 정부의 요청으로 입국한 청과 일본 군대에 철수를 요구 하였다. 그러나 일본군은 경복궁을 기습 점령한 후 조선의 내정 개혁을 강요하고 청일 전쟁을 일으켰다. 이에 동학 농민군은 삼례에서 다시 재봉기하여 서울로 진격하였다. 그러나 공주의 우금치에서 관군과 일본군, 민보군의 연합군에게 패배하였고, 이후 전봉준도 체포되었다.

(나)는 독립협회가 주관한 관민공동회에서 백정 출신의 박성춘이 연설하는 내용이다. 관민공동회는 1898년 10월 28일부터 11월 3일까지 독립협회가 서울 종로에서 대소 관민을 모아 국정 개혁안을 결의하고 이를 추진하기 위해 개최한 집회로 이를 통해 헌의6조를 채택하였다.

ㄴ. 독립신문은 우리나라 최초의 민간 신문으로 국문판과 영문판으로 구성되었다. 계몽적 신문의 필요성을 인식한 서재필과 유길준, 개화파 내각의 합작으로 정부의 지원을 받아 1896년 4월 7일 창간호를 발행하였다.

ㄷ. 2차 갑오개혁 당시 지방행정구역이 8도에서 23부로 바뀌었고, 아관파천(1896. 2.) 이후 지방 행정구역이 23부에서 13도로 다시 개편되었다.

오답풀이

ㄱ. 교정청은 1894년(고종 31) 6월 내정 개혁을 위해 한시적으로 설치되었던 임시 관청이다. 1894년 동학농민군과 정부 사이에 전주화약이 체결된 후 농민군이 철수하자 수습을 위한 논의가 본격화되어 내정 개혁을 위한 교정청이 임시기구로 설치되었다.

ㄹ. 한청 통상 조약은 1899년에 체결되었다. 조선은 청과 대등한 지위를 가지는 것과 조선은 청에 최혜국 대우를 부여하는 것이 조약의 주요 내용이다.

20   답 ②

📝 출제영역   민족말살통치기

중일전쟁은 1937년 7월에 일본의 중국 대륙침략으로 시작되었다. 1941년 12월 7일에 하와이 진주만에 있는 미 해군 기지를 일본 해군이 기습 공격하였고, 이로 인해 태평양 전쟁이 발발하였다. 미국은 1945년 8월 6일 히로시마, 8월 9일 나가사키에 각각 원자폭탄을 투하하였고, 같은 해 8월 9일에는 소련군이 일본 제국이 세운 괴뢰 국가인 만주국을 침공했다. 그러자 일본은 미국의 무조건 항복 요구를 받아들였고 1945년 8월 15일 한반도가 일본 제국으로부터 해방을 맞이하여 독립하였다.

② 조선혁명간부학교는 1932년에 설립되어 1935년까지 약 3년여 동안 운영되었다.

🗒 오답풀이

① 국가 총동원법이 제정된 것은 1938년 4월 경이다.
③ 조선어학회사건은 1942년 10월부터 일제가 조선어학회 회원 및 관련 인물을 검거해 재판에 회부한 사건이다.
④ 조선 건국 동맹은 1944년 8월 10일에 여운형 주도로 일제의 패망과 조선의 해방을 대비하기 위해 세운 국내 사회주의자와 민족주의자 연합의 비밀 결사 조직이다.

FINAL 작두 모의고사 정답

기출모의고사 1회

| 01 | ① | 02 | ① | 03 | ③ | 04 | ① | 05 | ③ | 06 | ④ | 07 | ① | 08 | ② | 09 | ④ | 10 | ③ |
| 11 | ③ | 12 | ③ | 13 | ④ | 14 | ④ | 15 | ② | 16 | ④ | 17 | ① | 18 | ④ | 19 | ① | 20 | ① |

기출모의고사 2회

| 01 | ④ | 02 | ② | 03 | ④ | 04 | ② | 05 | ② | 06 | ④ | 07 | ① | 08 | ④ | 09 | ③ | 10 | ④ |
| 11 | ② | 12 | ② | 13 | ④ | 14 | ① | 15 | ② | 16 | ④ | 17 | ④ | 18 | ③ | 19 | ② | 20 | ① |

기출모의고사 3회

| 01 | ③ | 02 | ④ | 03 | ① | 04 | ① | 05 | ① | 06 | ① | 07 | ② | 08 | ④ | 09 | ② | 10 | ③ |
| 11 | ① | 12 | ② | 13 | ③ | 14 | ② | 15 | ④ | 16 | ④ | 17 | ④ | 18 | ③ | 19 | ① | 20 | ① |

기출모의고사 4회

| 01 | ③ | 02 | ④ | 03 | ③ | 04 | ④ | 05 | ③ | 06 | ④ | 07 | ④ | 08 | ① | 09 | ④ | 10 | ③ |
| 11 | ④ | 12 | ① | 13 | ④ | 14 | ① | 15 | ② | 16 | ② | 17 | ③ | 18 | ② | 19 | ③ | 20 | ① |

기출모의고사 5회

| 01 | ③ | 02 | ② | 03 | ④ | 04 | ③ | 05 | ④ | 06 | ③ | 07 | ① | 08 | ③ | 09 | ③ | 10 | ③ |
| 11 | ④ | 12 | ② | 13 | ④ | 14 | ① | 15 | ① | 16 | ② | 17 | ④ | 18 | ② | 19 | ④ | 20 | ③ |

기출모의고사 6회

01	①	02	①	03	②	04	③	05	①	06	①	07	②	08	②	09	②	10	④
11	③	12	④	13	②	14	①	15	②	16	②	17	①	18	③	19	④	20	②

기출모의고사 7회

01	②	02	②	03	②	04	④	05	①	06	①	07	③	08	④	09	①	10	④
11	②	12	①	13	②	14	④	15	④	16	①	17	②	18	②	19	①	20	②

기출모의고사 8회

01	④	02	②	03	③	04	④	05	④	06	①	07	④	08	②	09	②	10	①
11	②	12	②	13	①	14	③	15	②	16	④	17	④	18	①	19	②	20	④

기출모의고사 9회

01	②	02	③	03	④	04	③	05	①	06	③	07	②	08	③	09	①	10	④
11	①	12	③	13	②	14	③	15	③	16	④	17	④	18	④	19	④	20	①

기출모의고사 10회

01	④	02	③	03	③	04	②	05	④	06	①	07	①	08	④	09	③	10	①
11	④	12	④	13	③	14	②	15	④	16	①	17	④	18	①	19	③	20	②

MEMO

라영환 공무원 한국사 시리즈

FINAL 작두 모의고사 for. 국가직 대비

발행일 2025년 02월 20일

발행인 조순자

발행처 인성재단(지식오름)

편저자 라영환

디자인 홍현애

정가 14,000원   **ISBN** 979 - 11 - 94539 - 39 - 1